U0041209

1分鐘超強記憶法

One-Minute Tips for Effective Memorizing

Takashi Ishii
石井貴士 著
胡慧文 譯

目錄

Contents

1分鐘超強記憶法

chapter 1

「記憶運作原理」想成為天才，先從這裡開始

One Minute
Tips for Effective Memorizing

chapter 2

「記憶七大迷思」釐清錯誤觀念，訊息吸收力倍增

chapter 3

「時間軸記憶法」根據內容分類使用，確實掌握目標

One Minute Tips for Effective Memorizing

chapter 4

「四色記憶法」善用色彩工具，開發右腦記憶空間

chapter 5

「三明治記憶法」夜晚睡前、晨間起床是最佳複習時機

chapter 6

「實力控制記憶法」精準規劃記憶歷程，一日天才可速成

One Minute Tips for Effective Memorizing

前言

「我向來就很不會背書。如果記性好一點，成績一定不只這樣……」「我天生記性差，再這樣下去恐怕會一事無成。」你是不是時常有這樣的想法？但是，你真的不會背書嗎？你以為自己真的是記性差嗎？

那麼，你是否聽過「記憶運作原理」？你瞭解大腦「如何將曾經發生過的事留存在記憶中」嗎？

別回答我：「什麼是『記憶運作原理』，聽都沒聽過！」難道你絲毫不曾懷疑這整件事怎麼想都不合理嗎？

一心認定自己是「記性差的人」，卻連「記憶運作原理」都沒聽過，又怎麼能妄下斷言說自己記性差呢？難道不覺得自己之所以「記性差」，其實只是因為不懂得「記憶運作原理」嗎？

沒錯！你根本不是「記性差」，只是「不熟悉記憶方法」。

我換個角色提問。難道你是研究記憶方法多年，最後才終於得出「自己記性差」的結論嗎？

應該不是吧！

你不曾為了研究記憶方法而至少買下兩百多本書苦心鑽研，卻反而片面宣判自己是「記性差的人」。這樣的結論未免太不合理。

這件事到底有多奇怪呢？舉例來說，就好像從不曾打過棒球，也沒有接受過教練指導的人，只因為曾經到過棒球練習場，對時速一百四十公里的球揮棒落空，就認定自己「不是打棒球的料」。

因此，對你來說重要的應該是「明白記憶的運作原理是怎麼一回事」。接著，按照這個原理去身體力行，並逐漸養成習慣，自然就會成為記憶天才——事情就是這麼簡單。

讀書前先學會讀書方法

很多人總是自我暗示：「我的記性差，根本不擅長背書。」因為小時候在學校考國字、考英文單字，總是焦頭爛額，所以就此深信自己不擅背書。

只是，請你再回想一下。這樣的學習步驟，豈不是等於從不曾學過記憶方法和讀書方法，就要開始繳交背書作業嗎？如果把順序倒過來，先學會正確的記憶方法，再用對的方法去背書，結果會如何？相信你一定會成為背書高手。

幾乎所有人都是在毫無方法的情況下，拿起書本就要埋頭苦讀。如果先懂得讀書方法再來讀書，應該就會更加得心應手。

假設現在要從東京去大阪，「什麼都不想，說走就走」的人，和「先查資料，確認怎麼去距離最短、時間最快、花費最少」的人，你認為誰會先到大阪？當然是後者。

雖然明知如此，但很多人讀書卻還是完全不顧方法，拿起書本就猛K，最後成效不佳再認定自己「不是讀書的料」。

關於讀書，只要遵循：

①釐清讀書方法

②開始讀書

掌握這兩大步驟，就可以用最快速度獲得最佳成績。記憶法也是如此。

只要遵循兩大步驟：

①釐清記憶方法

②記住想要記住的事物

你就會成為過目不忘的記憶高手。

我也曾有過成績排名倒數的時代

直到中學一年級之後，我才在課業上逐漸開竅。我從小就是個讀書不行、體育不行、音樂也不行的孩子。「再不想想辦法，我注定會成為一無可取的傢伙！」有了這樣的自覺後，我便開始發奮讀書。

為什麼是讀書？

因為在運動場上，我越是努力越有可能受傷。而且，自從被教練分發到少年棒球隊的三軍以後，我老早就對自己的運動細胞死心，知道往後也不可能有頂尖的表現；音樂上，我沒有摸過鋼琴，也不懂五線譜，唱歌又不動聽，怎麼看都不像是可以在音樂領域裡一鳴驚人；繪畫等藝術方面，我也為自己的無能為力而不知如何是好。猶記得小學六年級的繪畫課，我在賀年卡上畫了一隻兔子，結果老師問我：「這看起來也不像是豬，會是什麼呢？」讓我大受打擊。

正因為自己做什麼都不對，所以當時的我簡直是自我嫌惡到了極點。唯有讀書，讓我看到一線曙光，心想自己也許可以藉著讀書出人頭地。

我不是天資聰穎的人，可是只要多用功一點，就可以看到成績進步的結果，又不必擔心書讀多了會骨折受傷。所以對我來說，可以藉由下工夫累積實力的，就是「讀書」。當時的我心想，即便才能比別人差，如果肯比別人多努力用功兩倍、三倍，也一定能夠名列前茅。

中學一、二年級時，我每個星期要上三天補習班；中學三年級時，我跑兩家補習班，一個星期要補習六天。

我的成績確實有了一定程度的進步，可是因為個性不積極，所以高中上不了心目中的第一志願，最後進入唯一錄取我的男子高中。

上高中以後，必須背記的課業內容更多了，本來就不夠聰明的我很快就跟不上同學的腳步。我當時的學力偏差值[註]只有三十左右，成績差到即使參加大學入學考試也注定要名落孫山。

用對記憶法讓我學業突飛猛進

就在高中二年級四月，奇蹟發生了！我在先修班遇見了某位英語老師。

註：指相對平均值的偏差數值，是日本人對於學生智能、學力的一項計算公式值。平均值是五十，比平均值越高表示成績越好，反之則越差。

第一堂課就讓我大受衝擊，當時晴天霹靂般的震撼彷如昨日。

老師首先問：「誰背英文單字的時候是一面寫一面背的？請舉手。」

台下全都舉起手。

「你們當中有誰是不用手寫而只用眼睛看，就把單字背下來的？這樣的人請舉手。」

可以想見，根本沒有人舉手。

「那麼，誰曾經受過只用眼睛看就把英語單字背下來的訓練，而且訓練時間超過三個月的？請舉手。」

全場當然還是沒有人舉手。

「既然各位從來不曾試過，又為什麼會認定這是不可能做到的事呢？」

當頭棒喝！

「沒錯！我的成績這麼爛，學力偏差值只有三十，還能有什麼損失？不如就按照老師說的試試看吧！」

這位老師教我們：

「背英語單字不能邊寫邊背，必須一秒記一個，而且只用眼睛看！只要不斷重複看了又看，就會成為深植腦中的記憶。」

快速記憶法就是這麼簡單。

以一面寫一面背英語單字為例，如果「寫下一個單字需要六秒鐘」，那麼「六秒×十次＝一分鐘」；也就是說，一分鐘最多只能記十個單字。

若用「快速記憶法」，以目視背誦，那就是「一秒×六十次＝一分鐘」，一分鐘可以記憶六十個單字。

我按照這位英文老師所說的去執行，結果英語科的學力偏差值真的在三個月內從三十一提升到七十。天方夜譚般的美夢瞬間成為事實。

因為成績太差，本來對於考大學已經不抱任何希望，但是短短三個月就讓我的功課突飛猛進，甚至可以鎖定早稻田、慶應這些一流學府。後來我想：「既然英語單字都可以用目視，一秒背一個，我如果訓練自己用同樣的方法來背世界史，應該也行得通。」果不其然，三個月後，我的歷史科學力偏差值也從三十進步到七十。

就這樣，我高中三年級參加Z會[註]的慶應大學模擬考試，竟獲得高中全國榜首。資質普普通通、完全算不上聰明的我，只因為得知快速記憶法，就拿下全國模擬考第一名的好成績！

註：日本補教機構。

只要瞭解大腦的記憶運作機制，掌握一分鐘記憶法，你也能夠體驗到和我同樣的奇蹟。而一分鐘記憶法究竟在大學入學考試中為我做出多大的貢獻，讓我的成績一飛衝天呢？

● 高中二年級，三個月時間就讓英語科學力偏差值從三十進步到七十。
● 歷史科世界史的學力偏差值，也只用了三個月時間就從三十進步到七十。
● 參加Z會的慶應大學模擬考試，名列全國榜首。
● 參加代代木Seminar[註]模擬考，成為全國六萬名應考生的第一名。
● 大學重考那年，應用於數學科的學習，學力偏差值在三個月內從三十提升到七十。
● 報考慶應大學經濟系、商學系、文學系全都上榜。

不僅如此，我在大學期間兼家教，同樣讓我的學生成功地在三個月內從

註：代代木 Seminar 是日本知名補教機構。

學力偏差值三十進步到七十。而我分享讀書心得所出版的書，也承蒙大家的厚愛，累計銷售超過一百萬冊，實在萬分感恩。

● 《頭腦真的變靈光：一分鐘讀書法》（中經出版社出版），成為年度暢銷書排行榜第一名（二〇〇九年商業類，日本出版販賣株式會社統計）。目前銷售突破五十七萬冊。

● 《一分鐘英語單字》（中經出版社出版），介紹只用眼睛目視、一秒背一個單字的記憶法，銷售量突破十五萬冊。

● 「一分鐘系列」累計出版總銷售量已經突破一百萬冊。該系列有《一分鐘英語學習法》、《一分鐘英語成語》、《一分鐘 TOEIC（多益）英語測驗單字》、《一分鐘東大英語單字》、《一分鐘早稻田英語單字》、《一分鐘慶應英語單字》（以上為中經出版社出版）；《一分鐘高中學

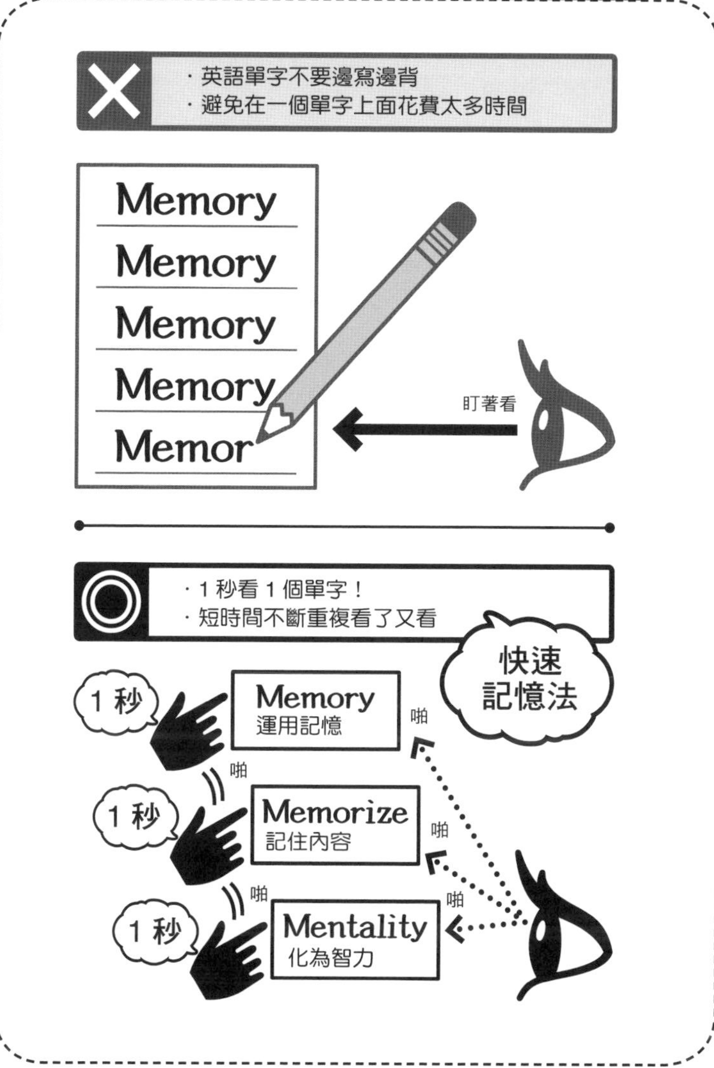
目視並反覆觀看
・英語單字不要邊寫邊背
・避免在一個單字上面花費太多時間
Memory
Memory
Memory
Memory
Memor
盯著看
・1 秒看 1 個單字！
・短時間不斷重複看了又看
快速
記憶法
1 秒
Memory
運用記憶
啪
啪
1 秒
Memorize
記住內容
啪
啪
啪
1 秒
Mentality
化為智力

測英語單字》、《一分鐘英語語法》、《一分鐘數學I・A》、《一分鐘日本史》、《一分鐘世界史》、《一分鐘古文單字》、《一分鐘古典文法》（以上為水王舍出版）。

至今，應用快速記憶法來讀書的人已經超過百萬人。事實上，就讀書法而言，日本至今還沒有像「一分鐘系列」這類創下如此傲人成績的技巧書。這並非「老王賣瓜，自賣自誇」，在日本，能晉身「年度暢銷書排行榜第一名」，獲得廣大讀者信賴並創造實際績效的方法極其少數，所以各位大可以放心學習本書的「一分記憶法」。

沒錯，只要掌握一分鐘記憶法，就可以成為記憶天才！

一分鐘記憶法的具體技巧

本書是為了讓讀者以「只要讀過就能成為記憶天才」為目標，而費盡心思設計的技巧。首先，我會在第一章說明「記憶運作原理」如何產生效果。想要成為記憶天才，大前提就是必須先瞭解「怎麼做才能夠記憶不忘」的原理。

第二章則要修正大家對記憶的「錯誤觀念」。雖然釐清「何者是重點」很重要，但是明確分辨「何者不是重點」，也能夠讓我們進一步把握要點。例如，很多人都以為「複習功課必須花費兩、三個鐘頭的時間」，這就是錯誤的觀念。如果「只要一秒鐘就能夠完成複習」，不是很好嗎？就算你複習六十次也只要一分鐘而已。

第三章要告訴大家「記憶應該善用時間軸觀念，分短期、長期、單純、影像記憶類型來使用」，好讓各位明白「記憶的種類有哪些」，並且傳授個別攻略之道。你知道「記憶的只有四種」嗎？如果不能理解這個事實，那麼你就只能一輩子健忘。

第四章要公開「快速提升讀書效率的四色記憶法」。這是想要用最小的努力換取最大功效的人所必須掌握的技巧。人的右腦對色彩產生反應，而懂得如何用「大容量」的右腦來記憶，正是記憶高手的必勝法則。此外，本章還會針對「記憶的四個階段」進一步說明。

第五章介紹「把短期記憶植入長期記憶的三明治記憶法」。雖然記住了，但一轉身又忘光光，這樣的記憶一點都不管用。「記憶的方法」與「維持記憶持久的方法」其實是完全不同的門道。本章要傳授讓記憶維持長久的方法。

第六章將教授各位「如何成為考試當天不失常的一日天才」，其中奧妙盡在「實力控制記憶法」。任憑你再怎麼博學強記，如果大考當天記憶失靈，就沒戲唱了。無論如何，在考試當天發揮天才能力才有用。始終都是天才，偏偏考試當天出問題，很抱歉，你就只能名落孫山。這一章就是要傳授大家如何在大考當天發揮最大潛力的記憶法。

怎麼樣？一路看到這裡，你是否認為自己也可能成為記憶天才了？

一旦看過就能過目不忘

「一分鐘記憶法」是「用最短時間獲取最大功效」的記憶法。學會它，你可以在一分鐘內記住大量資訊，像是一分鐘背六十個單字，或是一分鐘讀完六十頁筆記。

「一分鐘記憶法」有以下的強項：

- 目視就能記住，所以速度快。
- 只要一分鐘就可以反覆背記。
- 透過反覆背記，深化為記憶。
- 「色彩」刺激右腦發揮潛力。
- 大考場合也能瞬間提升實力。

「一分鐘記憶法」完全是根據大腦與記憶的運作原理所設計，所以一旦深入腦中，便能牢記不忘。善用這項記憶法，就可以把以下幾種關於讀書和記憶的種種煩惱全都一筆勾銷。

「我頭腦不好，記都記不住。」

「以為記住了，卻立刻忘得一乾二淨。」

「上考場就失常，無法發揮實力。」

「忙得不可開交，沒時間好好讀書。」

那麼，該怎麼做才可以把「一分鐘記憶法」內化成自己的能力呢？只要學會本書接下來所要傳授的「四個招式」，任何記憶問題都能迎刃而解。

①時間軸記憶法

②四色記憶法

③三明治記憶法

④實力控制記憶法

我自己就是在資質平庸的條件下起步，卻能夠在全國模擬考試中名列榜首，這完全是因為學會一分鐘記憶法的緣故。鑽研「記憶運作原理」，嘗試過各式各樣記憶術，我把「最快速度提升最大效益的記憶法」加以體系化，就成為「一分鐘記憶法」（構成一分鐘記憶法的四個招式，是以現有的腦科學為基礎，加入我個人的創意所完成）。

只要學會這一套方法，相信各位必定能夠成就更多美好的奇蹟。

掌握技巧，成功近在眼前

「是嗎？原來還有這個叫作『一分鐘記憶法』的東西，等我有空就來試試。」會這樣說的人總是一天拖過一天，最後壓根連這本書都忘了。「我現在就立刻討教！」像這樣毫不遲疑、說做就做的人，就注定會成功。

「只要讀過就能變身記憶天才」的書，除了本書以外大概沒有第二本了。因為這本書裡滿滿是實用的寶貴內容。

你的成功已近在眼前。你願意相信我的話並且放手去做嗎？或者，你會嗤之以鼻，把這本書放回書店的架子上？一切端看你的決定。耐心讀到這裡的你，應該已經萌生躍躍欲試的衝動。而且，學習「一分鐘記憶法」並不花須花費你數十萬元的學費。試試看，你沒有任何風險和損失。

此刻，你正站在「是否能成為記憶天才」的十字路口。來吧！讓我們一同學習「一分鐘記憶法」，為創造無敵的自己而奮鬥吧！

chapter 1

「記憶運作原理」想成為天才，先從這裡開始

要開始記憶之前，
先瞭解「怎麼做才能夠讓資訊深植不忘」。
大腦對於判定為「必須用心記住不可的事」會牢記不忘，
對於判定為「非必要的事」就從記憶中抹去。

One-Minute Tips for Effective Memorizing

下定決心，就能做到

「那個人天生記性好得沒話說，我就沒有這種能耐。」相信許多人都有過眼紅別人記憶力好的不平衡心理。「為什麼偏偏就是我不長記性。」相信恨自己腦袋不夠靈光而自卑的人應該也不少。

一說到記性，我們自然而然會認為，人應該有與生俱來的好記性和壞記性之別。

不過，這麼想就錯了。

再厲害的天才也有健忘的時候，再平凡的人也有牢記不忘的事。既然如此，記性的好壞到底由誰決定呢？

打從心底認為重要的資訊絕對忘不了

你會忘記心儀女孩的芳名嗎？可是對不喜歡的傢伙，或是可有可無的人，你根本不在乎他們叫作張三還是李四吧！朋友的生日你可能會忘記，但是自己的生日總不可能忘吧！

人們自己打從心底認為「重要的」、「珍貴的」資訊就不會忘。

擅長歷史的人，會「打從心底」認為歷史朝代的年號很重要。因為他們深信，只要記住年號就可以立即回答很多問題，正確判斷考題的答案。

「大學入學考試上榜，人生將會前程似錦！」「大學入學考試落榜，人生就是黑白的！」

「打從心底」這樣深信不移的人，讀書的記憶力自然變強。

相反地，

「人生不是只有考試而已，沒上大學照樣功成名就的，大有人在。」「讀那多書，出了社會也用不上，請問畢業以後還有機會用到二次方程式嗎？」

「打從心底」如此相信的人，讀書的記憶力就會變差。也就是說，大腦判定為「重要的」、「珍貴的」，就會深記不忘；而認為「不重要」、「沒必要」的，就會被拋諸腦後，逐漸淡出記憶。

對你來說，不愉快的記憶會被判定為「不重要」，所以三兩下就忘光光。

絕對忘不了內心深信重要的事

心儀的女
孩芳名

自己的生日

!!

不會忘

路人甲的
姓名

??

朋友的生日

忘光光

但是和情人的甜蜜回憶、種種愉快的生命經驗，對你的人生而言很重要，所以會讓你念念不忘。

簡而言之，大腦對於判定為「必須用心記住不可的事」會牢記不忘，而對於判定為「非必要的事」就會從記憶中抹去。

下定決心是強化記憶力的不二法門

為了強化記憶力，有件事你非做不可。那就是，「打從心底」深信你此時此刻所學習的記憶法，必定對自己的人生發揮功用。

「反正我又不想當律師、檢察官或是法官。」抱著這種念頭的人，再怎麼準備司法考試也不能把書讀進腦子裡。但是，「我父母兄長都是律師，連親戚也是律師，從小被灌輸『不是律師就不是人』的觀念，所以我生來就是要當律師，沒有第二條路可走。」如此深信不疑的人，準備司法考試的能力就會特別強。

「大學還不都是大同小異，考上哪一所都沒差啦！」這麼說的人肯定不會把書讀進去。可是，「我和最心愛的她約法三章，只要考上東大，她就會嫁給我，所以考上東大是我人生最重要的目標。」這樣的人就會懷抱破釜沉舟的決心，記憶力大大增強。

「反正我沒必要和外國人說話，一輩子也沒打算去國外。」這麼想的人，即使學外文也是一學就忘。然而，如果有個身價百億的大富豪允諾，只要拚命學外文一年，他就給一億元獎金，相信你應該會發憤圖強吧！

無論如何，關於記性這件事，「打從心底認為重要」是提升記憶能力的不二法門。

02

大腦天生善忘！

「可是不管我再怎麼認真，最後還是忘光光呀！」

你是這麼想的嗎？沒錯，大腦天生就是善忘。

在這裡我要介紹著名的「艾賓豪斯記憶遺忘曲線」[註]（The Ebbinghaus Forgetting Curve）給大家認識。

註：十九世紀德國實驗心理學家赫爾曼・艾賓豪斯（Hermann Ebbinghaus）開創的記憶理論，歸納出遺忘和時間的曲線關係，也是發現學習曲線的第一人。

艾賓豪斯記憶遺忘曲線

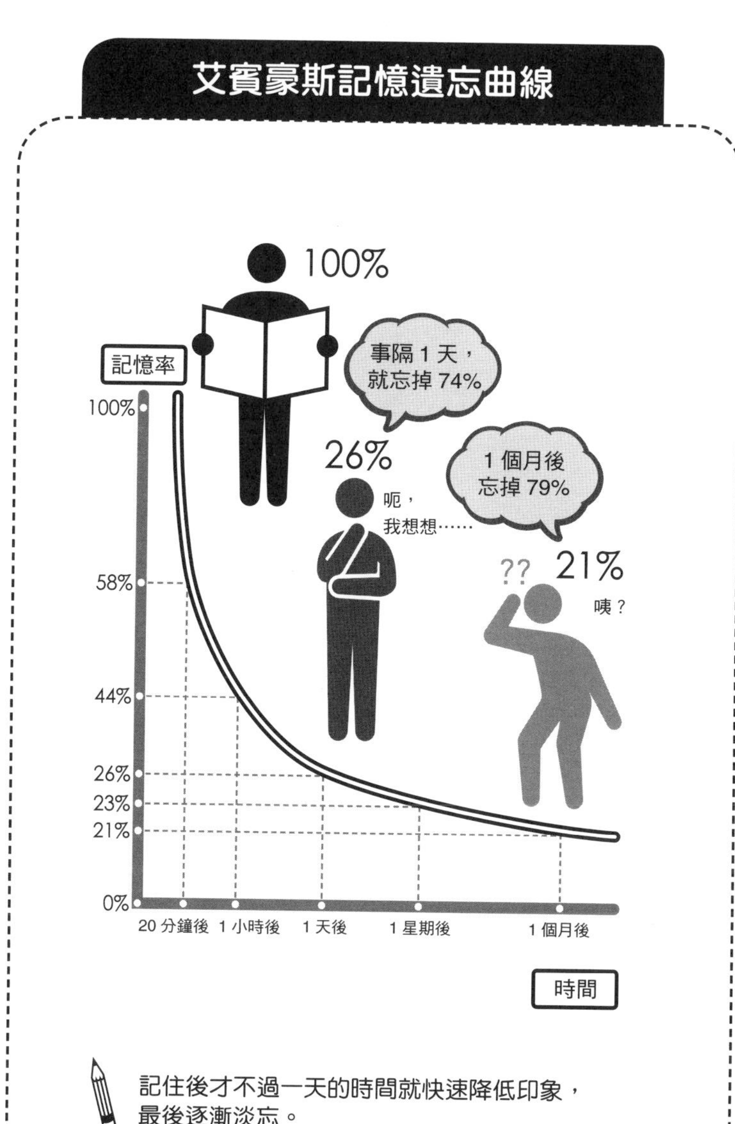

記住後才不過一天的時間就快速降低印象，
最後逐漸淡忘。

不複習，一星期後七七％忘光光

說到記憶的研究，「艾賓豪斯記憶遺忘曲線」可說是最基本的理論，就像學英語要先會二十六個字母，學算術要先會背九九乘法表一樣。

根據「艾賓豪斯記憶遺忘曲線」，可以知道：

- **人在二十分鐘後會忘記四二％……記住五八％**
- **人在一小時後會忘記五六％……記住四四％**
- **人在一天後會忘記七四％……記住二六％**
- **人在一星期後會忘記七七％……記住二三％**

也就是說，我們必須以「人是善忘的動物」為前提，從「記住自己想要記住的事物」作為起跑點。

掌握複習的最佳時機

那麼，該如何做才可以學而不忘，讓想要記住的內容保留下來成為牢固的記憶呢？答案很簡單。只要複習就行了，而複習的工作有兩大重點：

①時機……何時複習？

②次數……複習幾遍？

「艾賓豪斯記憶遺忘曲線」就是要告訴我們複習的最佳時機。

從結論上來說，複習的最佳時機是在「還記住一半」的時候。

在還記得八〇%、九〇%時就立刻複習，其實只是浪費時間。等遺忘到一定程度以後再來複習也不遲。不過，等我們忘掉五〇%以上再回頭複習，可能需要重新理解，又得多花些時間，從時機來看稍嫌晚了一點。

所以，複習的最佳時機選在「記住一半而又忘記一半的時候，也就是學習後的二十分鐘至一小時」為佳。

讓記憶深植一輩子的循環複習法

「二十分鐘一次」的複習間隔大約就是電視播放廣告的頻率。電視廣告是花大錢買觀眾記憶的事業，十五秒鐘的廣告就要價數十萬元。

為了達到廣告效果，其播放時機當然要善用「艾賓豪斯記憶遺忘曲線」。從記憶遺忘曲線可得知，連續播放兩次同一則廣告的效果，遠遠不如節目進行二十分鐘以後插播一次廣告，等到節目接下去播出二十分鐘以後，再次插播同一則廣告。

無論是在戲劇節目、新聞節目還是搞笑節目中插播電視廣告，通常都不出這個播放模式。每隔二十分鐘左右，趁著觀眾忘掉一半的時候再播放一遍，就容易在觀眾的記憶中搶占一席之地。

現在如果有人問你：「遠足要帶什麼零食？」你會如何回答呢？

那當然是「乖乖」了。

如果聽到「中秋節用的烤肉醬」，你會想到什麼呢？

多數人的第一反應大概是「一家烤肉萬家香」吧！

這兩個例子或許有點老掉牙，青少年可能記憶不甚深刻，不過三十歲以上的人應該都會心有戚戚。然而，各位可知道這些廣告已經甚少在廣告中出現，但你還是可以在瞬間回想起十多年前的廣告。

「十年前的事，你卻記得清清楚楚，這樣的記性豈不是天才嗎？」如果有人如此稱讚你，你應該會反駁說：「別鬧了，這種事誰都知道。」這就是以每二十分鐘一次的頻率，一再反覆播放，便成為大眾一輩子不忘的記憶。

花大錢費盡心思要讓人印象深刻的電視廣告，掌握了二十分鐘複習一次的最佳時機，我們讀書的時候也如法炮製，善用這樣的時機準沒錯。如果真的沒有時間密集複習，那麼延後到一小時一次也可以。

04 三次和九次是一日複習最佳次數

那麼，一天該複習幾次才可以達到最佳效果呢？答案是三次和九次。

為什麼是三次？因為同一件事聽過三遍，才能使人信以為真。

因為很重要，所以要說三次！

例如，店家告訴你：「我賣得很便宜喔！」你會相信嗎？相信一般人應該不會就這樣被輕易說動吧！

如果店家連著說了兩次：「我賣得好便宜、很便宜喔！」你會不會心動呢？相信你多半仍然不以為意，心想「哪一家店不是這樣說的」，沒把它當一回事。

可是，當店家說「便宜、便宜、沒有比這裡更便宜了」，連續強調三遍的時候，你很難不心動而停下腳步。這就是為什麼超市等賣場在叫賣的時候，同一句口號總是喜歡連呼三遍的緣故。

現在請你假想有人稱讚你「好可愛」、「長得好帥」。當第一個人稱讚你「好可愛」，你應該會以為「不過是場面話」。而當同一天有兩個人說妳「好可愛」、「長得真可愛」時，你或許還會認為「他們鐵定對女生都這麼說」。可是，同一天有三個人說你「好可愛」、「長得真可愛」、「模樣實在太討人喜愛了」，你就很難不相信自己真的是人見人愛。

也就是說，大腦在運作上傾向於「對人們說過三遍以上的話信以為真」。（赫爾曼・艾賓豪斯的科學實驗也證明，要讓記憶牢固必須「反覆三遍以上」。）

一天複習三遍，記憶深植不忘！

一天複習三遍，會在大腦烙下「這件事很重要，非得用心記住不可」的認知。電視廣告也是在一個小時的節目裡分段播出同一則廣告三遍，樣一則廣告看了三遍，會讓觀眾不自覺的認為「這個商品一定不會騙人」。

那麼，大腦是如何分辨「重要」或「不重要」的呢？

啟動記憶的原理和原則在於，大腦會把一再重複的事認定為重要。重要

的事會不斷重複，不重要的事就不會重複。

你會記得每天打照面的人，可是總記不住一年才見一次面的人叫什麼名字。天天計算的二次方程式自然就會熟記，但是三年不用的話，大腦便會將它歸類為不重要的資訊而拋諸腦後。

一天複習九次是記憶天才的必勝絕招

如果想要讓記憶力升級，有件事非做不可，那就是「一日複習九次」。

方法是把九次複習分配在早、中、晚的三個時段進行，各做三次為一組（至於一天當中何時的記憶力最好，一五三頁進行說明）。

一回三次，一天三回，共有九次，就是成為記憶天才的必勝絕招。

重複三次就能深植記憶

好便宜！

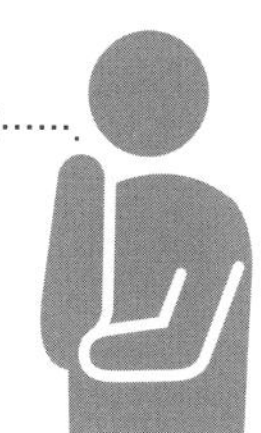
是嗎……

好便宜
好便宜！

可能嗎……

便宜、
便宜、
好便宜！

果然是真的
便宜！

大腦對一再重複的事物便會自動認定為「很重要」而加以記憶。

前面說到，同樣的事重複三遍，大腦就會認定是重要的事。而如果以複習三次為一組，分三個時段各進行一組，記憶就會更加牢固。一天的複習次數不是一次，也不是六次，而是三次或九次的效果最好。

歸納以上的結論就是：

①以二十分鐘（至一小時）一次的間隔加以複習。

②一天複習三次或是九次。

這是從記憶運作原理所引導出來的必勝法則。現在，你瞭解到記憶的訣竅了，恭喜你，終於站在成為「記憶天才」的起跑線上了！

一天複習九次的學習效果絕佳！

把九次複習平均分配在一天的三個時段各進行三次。

chapter 2

「記憶七大迷思」釐清錯誤觀念，訊息吸收力倍增

修正對記憶的錯誤認知，
重要的是釐清並掌握重點，
並且教你分辨「何者不是重點」的技巧，
進而提升資訊吸收力。

觀念①

目視才容易記住……◎
寫下來容易記住……×

「我天生就很健忘。」「背記的科目向來是我的罩門。」很多人都這樣深信不疑。

其實，你會這樣說是因為：「我一直都記不住英語單字。」「歷史這些需要背記的科目我總是成績一塌糊塗。」有了過去悲慘的經驗佐證，所以不少人對自己總是抱著今天的我仍然「健忘不擅記憶」的偏見。

你不是天生記性差

讓我們釐清事情的本質吧。

你說自己「不擅記憶」，那是因為你還沒有認識這套記憶法，所以不明白正確使用記憶力的門道。相反地，讀過本書的你已經懂得正確的記憶良方，所以早已不是昔日的吳下阿蒙，說不定背記從此成為你的拿手強項呢！而想要做到這一點，你必須捨棄過去對記憶法的錯誤認知，建立正確觀念。

接下來，就讓我們認識記憶的正確觀念吧！

目視才是最強記憶方式

「說到背英語單字，當然是邊寫邊背囉！」「想要背下來的東西，不反覆寫上好幾遍是記不住的。」幾乎所有人都掉入這樣的迷思。現在就請你立刻丟掉這個觀念。

善用「眼見為憑記憶法」，才是有效率的記憶方式。

背記時，基本上「目視就記住」才是正確作法。「寫下來才容易記住是常識」，你的腦海裡是不是一直有個聲音這麼告訴你呢？但你是否曾經想過，邊寫邊背，這樣就慢了。

以背英語單字為例，寫一個單字大約需要六秒時間。六秒×十次＝一分鐘，也就是每分鐘只能記十個單字。如果只用目視就記住的「快速記憶法」，一秒鐘看一個單字，一秒×六十次＝一分鐘，就等於一分鐘可以記六十個單字。光只是這樣，速度就相差六倍之多。

從費力的程度來說，邊寫邊背其實十分累人。只用眼睛看，體力負擔上要輕鬆得多。「如果我光用眼睛看就能背下來，今天也不會讀書讀得這麼辛

善用眼睛就記住的快速記憶法
用手寫
1 分鐘寫 10 次
用眼看
1 分鐘
寫 60 次
「看」的速度比「寫」的速度快了六倍

苦了。」「用眼睛瞄一瞄就可以記下來，這是極少數天賦異秉的能人異士才辦得到吧！」會這麼懷疑，我一點都不意外。

那麼，容我請問你：「你可曾訓練自己以一秒一個單字的速度，只利用目視進行背記，而且持續三個月以上？」

我想，幾乎所有的人都會回答「ＮＯ」。就是啊，絕大多數人都沒有試過，卻打從一開始就認定不可行。別忘了，人的潛能無可限量。你只是欠缺一點訓練，經過訓練，你一樣辦得到。

學會最有效率的讀書方法再用功

兩軍相戰，不會有人笨到毫無策略就直衝敵營。總要等軍師擬好戰略，才會對敵營發動攻勢。可是一說到讀書，大多數人卻毫無準備，只是一個勁

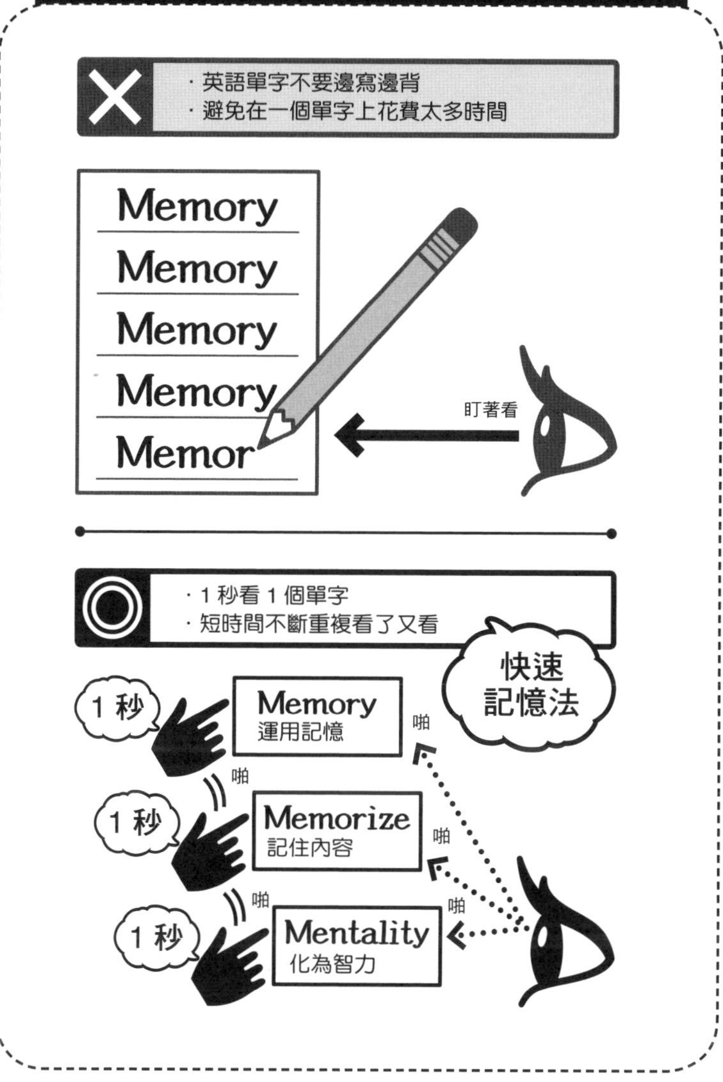
目視且重複觀看就是快速記憶祕訣
·英語單字不要邊寫邊背
·避免在一個單字上花費太多時間
Memory
Memory
Memory
Memory
Memor
盯著看
·1 秒看 1 個單字
·短時間不斷重複看了又看
快速
記憶法
1 秒
Memory
運用記憶
啪
1 秒
Memorize
記住內容
啪
1 秒
Mentality
化為智力
啪

兒地橫衝直撞。

首先學習記憶法，然後才開始讀書，這樣用功起來效率更高，各位認為有沒有道理呢？當然，如果明天或是下個禮拜就要考試，那也只好先衝再說。因為考試已經迫在眼前，不趕緊衝刺就來不及了。

但是，把時間拉長到更大的格局來看，當初就是因為沒有在一開始先學習記憶法，現在才會火燒屁股，不是嗎？

所以說，此刻就是你決定脫胎換骨的時候。

你必須先百分之百地深信：「目視就背下來的記憶法，是最容易牢記又輕鬆好用的記憶絕技。」唯有如此，才能夠真正學會最快速記憶法。

觀念②
分段記憶比較好……◎
一次牢記比較好……×

毫無疑問地，只要動一動眼睛，用目視就可以記下來是再好也不過的結果。不過也有例外情況。也就是說，用目視背記的方法並非萬能，這一點必須事先聲明。

這個例外會發生在外語單字的拼寫上，還有中字書寫。

「拼寫」顧名思義，本身就是「寫」的作業，而國字考試也多半要求考生「寫出來」。考題都已經要求「寫出來」，如果你還堅持用目視記下來，那就適得其反了。

關於英語單字的學習，如果是文意相關的文法理解，就用目視直接記下來，如果是拼寫，就要用手邊寫邊背才是正確作法。

現在的考試題型多數以選擇題為主，所以拼寫的背記相形也減少了許多。但如果國字考題要求「把字寫出來」，那麼準備考試的時候就要一邊寫一邊背，效率才會高。不過，考題倘若是「閱讀」相關題型，用目視背下來才是對的作法。

分門別類是記憶王道

有個重要觀念請各位務必記住。背記的時候，「分類再背」是必勝之道。

記憶就是「分類再記住」的行為
「書寫」的題型
「閱讀」的題型
邊寫邊背
邊看邊背
同樣是背單字，「用法」與「拼寫」各有處理方式。

背英語單字也要為「用法」與「拼寫」採取不同要訣，個別處理。

或許有人認為：邊寫邊背，將用法和拼寫方式同時背下來，不是更有效率嗎？但要注意的是，其實這樣反而會適得其反。背英語單字最輕鬆有效的方法，就是「一次只記住一個單字的一個意義」。

當一個單字有四、五個意義時，想要同時背下來通常會很辛苦。所以每次只記住一個單字的一個意義，然後逐次加上第二、第三、第四個意義，就可以輕鬆把所有資訊背下來。因為「一次就記住」「一口氣全都背下來」野心越大，花費時間就越多。

細分記憶內容，是提升記憶效率的訣竅。因為「有能力分類等於已經理解」。

你會感嘆沒能把書讀好，或是對學習不開竅，其實只是因為沒有做好資

「細分再背記」是記憶必勝法
歷史
真的不行……
到底是哪裡不行？
請拆開來逐一檢討
遠古史
古代史
近代史
現代史
各個擊破，
逐一攻掠！

訊分類的緣故。以「數學不好」的人為例。你是為二次函數傷腦筋？還是不會解圖形問題？或是對解方程式不在行？是看不懂應用題？還是計算時特別容易出錯？或是被雞兔同籠的題型給難倒？這些，你分辨得出來嗎？

正因為「連自己也不知道哪裡讀不通」，所以才會討厭這個學科。至於「歷史不好」的人，就是分不清自己究竟是遠古史、古代史、近代史、現代史哪一段讀不好，才會越讀越煩心。

反過來說，可以分別找出棘手的部分窮究到底，就能夠克服對該科目的恐懼。分類檢討以後，只要各個擊破，逐一攻略就行了。

大象因為體型龐大，所以需要餵食大量的食物。可是大象再能吃，一次也只能吃一口。讀書何嘗不是如此。分類、分批閱讀非常重要。

以背記英語單字為例。你首先應該做到「知道單字的意義，但還不會拼

寫」的程度。接著，只要邊寫邊記住如何拼寫即可。

正因為很多人太貪心，強迫大象一口吞掉所有食物，才會被噎住。別心急，一次只要餵大象一口就好。

同樣地，反覆記憶也要分批而持續地進行。「各個擊破，逐一攻略」，正是記憶的特性。

觀念③ 邊走邊出聲背誦……◎
端坐書桌前用功……×

「我在書桌前總是坐不住。」「每次背書，我一下子就恍神，完全沒辦法專注。」

沒錯，這都是因為你受到「讀書就該端坐書桌前好好用功」的觀念所束縛，再加上你深信邊寫邊背是必要的流程，就更離不開書桌了。

邊走邊背才是背書標準動作

常聽人說「背書要五感並用」，完全沒錯！只是，背書能用到嗅覺的機會不多，所以嗅覺在此只能小有作用。（但稍後我還是會傳授用嗅覺幫助記憶的方法）

邊寫邊背的時候，用到的是手的「觸覺」和眼睛的「視覺」。口中發出聲音，喃喃有詞的背誦，是舌頭的「味覺」、眼睛的「視覺」與耳朵的「聽覺」三管齊下。

- **邊寫邊背……觸覺與視覺並用**
- **邊讀邊背……味覺、視覺、聽覺三管齊下**

單純比較兩者的效率，讀出聲音可以達到一倍半的功效。如果你還想要追問：除此以外，可有更好的方法嗎？我會建議你：「讀出聲音，邊走邊背」更好！因為兩腿走動本身就是在使用「觸覺」功能，這麼一來，五感當中除了嗅覺以外，其他的觸覺、視覺、味覺、聽覺四感都用上了。

- **邊寫邊背……觸覺與視覺並用。**
- **邊讀邊背……味覺、視覺、聽覺三管齊下。**
- **邊讀邊走邊背……味覺、視覺、聽覺、觸覺四感皆備。**

比起邊寫邊背，邊讀邊走邊背可以達到兩倍的效率。而最能夠表現這一形象的，就是在日本小學等教育機關常會看到的二宮金次郎[註]銅像。相信大多數日本人都深信這是二宮金次郎在忙於工作之餘，仍然勤學不倦的英姿。正因為如此，我才主張「這就是最有效率的讀書姿態」！

註：日本優秀的文學者，幼時赤貧，必須經常到山區撿拾木材。極為好學，然能閱讀的時間有限，常利用揹木材的時間閱讀。

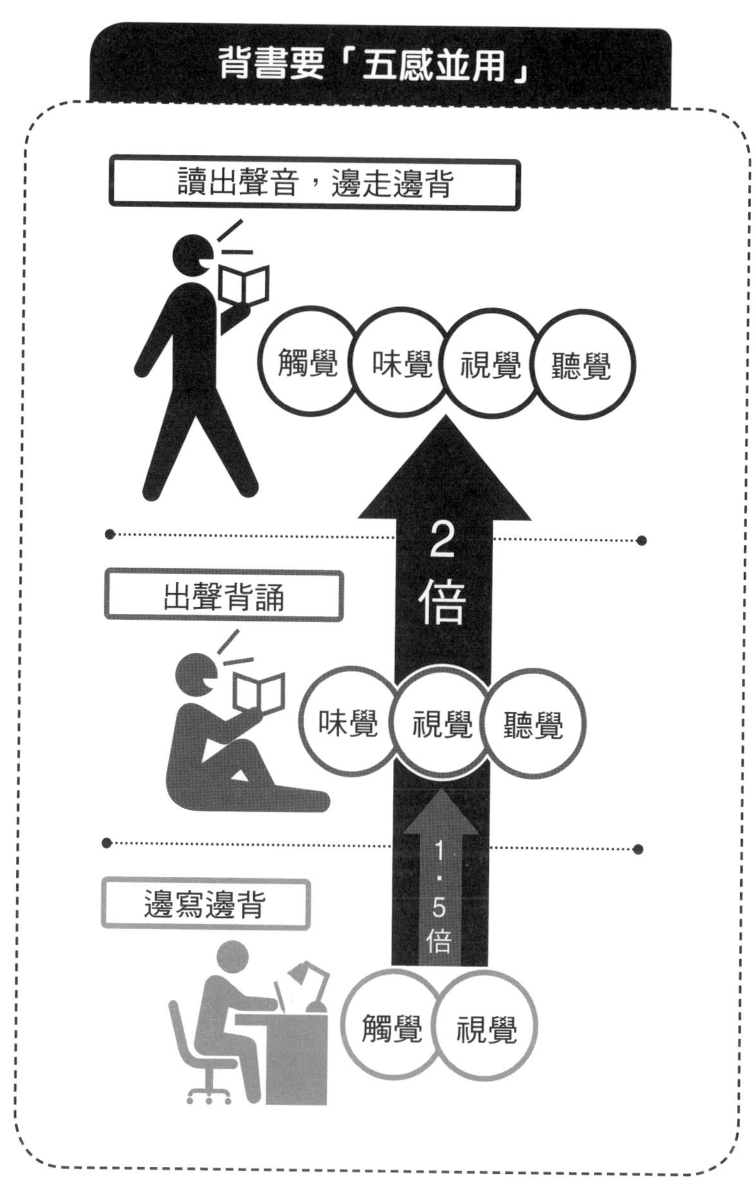
背書要「五感並用」
讀出聲音，邊走邊背
觸覺
味覺
視覺
聽覺
2倍
出聲背誦
味覺
視覺
聽覺
1.5倍
邊寫邊背
觸覺
視覺

連嗅覺都被啟動的香氛精油

如果還想更進一步提高效率，那麼在書房裡使用精油薰香燈不失為可行的方法。雖然這個辦法要花錢，而且只能在室內使用。不過如此一來，就連五感裡的「嗅覺」都能夠派上用場。

我的學生時代還不時興香氛，甚至不知道世間有這種東西，換成現在的我，一定會不惜成本這麼做。附帶一提，據說薄荷、迷迭香、檸檬草、葡萄柚等精油具備提升專注力、強化記憶力的作用。然而再怎麼說，青菜蘿蔔各有所好，因此還請各位務必要親身體驗。

求好心切的人或許會說：「既然有效，那全加在一起不就得了！」請等等，把香味全都混雜在一起那可就不香了。讀者們不妨多多嘗試幾種複方精油，從中找出和自己最「對味」、最能夠「激勵士氣」的香味。

邊走邊背，效率奇佳

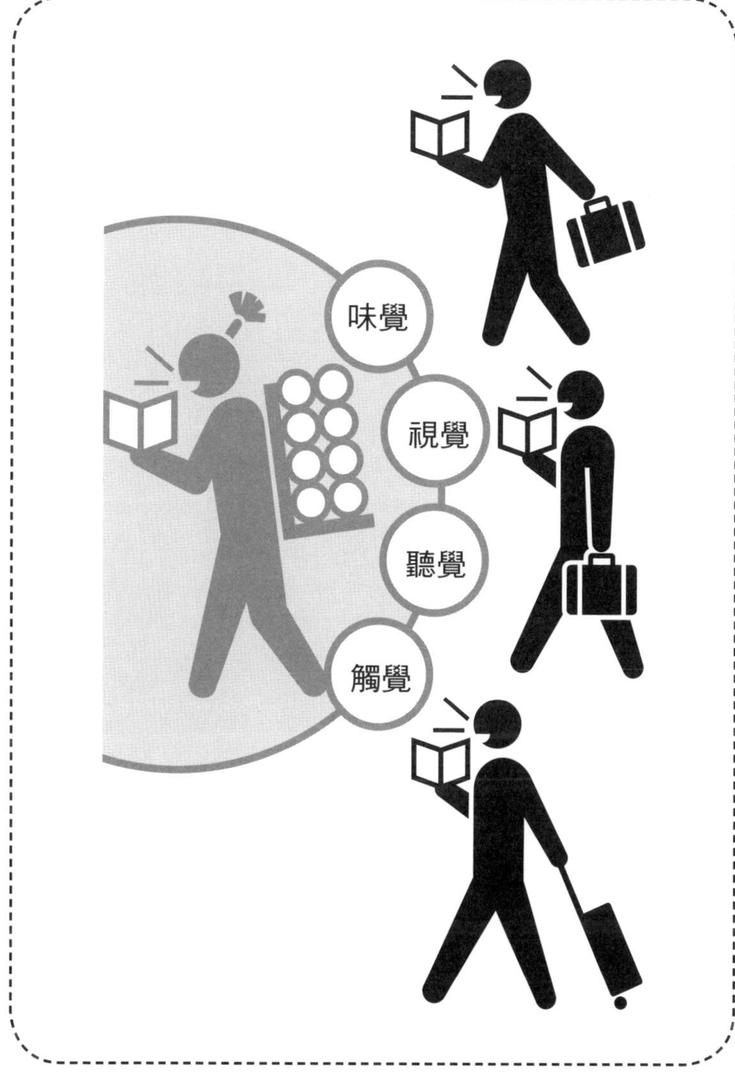

刺激嗅覺還有更講究的用法，就是「分科目使用不同的香氣」。例如，背英語單字的時候點葡萄柚精油、背日本史的時候點薄荷精油……把這些香味帶到考場上，上陣大顯身手之前嗅兩下，應該會有喚醒記憶的作用。

無論如何，香味與記憶的連結還是要自己親身嘗試最準確。至少可以確定的是，有了香氛以後，背書就會變得更好玩了！

觀念④ 雜音環境幫助記憶……◎
安靜的環境好用功……×

「我要讀書了，趕緊找個安靜的地方用功。」雖然有人講究讀書環境要清靜，可是太過安靜卻反而會讓人無法專注，反倒是有點雜音的背景最能夠令人集中專注力。

因為少許的雜音可以刺激大腦部設法排除干擾，迫使大腦提高專注力。

美國普林斯頓大學心理學家瓦農教授的研究也證實，「當一個人置身在完全安靜的場所，會無法集中專注力」。（請參照《專注力》山下富美代著作／講談社出版）所以，想背書時，到有點聲音的環境反而有助提升記憶。

不要一面聽音樂一面背書

邊聽音樂邊背書是很大的禁忌。特別是聽自己喜歡的歌手唱歌，你的注意力會不自覺被吸引。聽外國歌曲會比本國歌曲要好一點，因為唱的是你不熟悉的語言，至少比較不會干擾。不過基本上，一面聽音樂一面背書本來就不是太理想的作法。

我想，很少會有人「一面看電視一面背書」吧！同樣的道理，聽廣播也不行。因為這麼一來，你會不由自主的專注聽別人說了什麼，而不能心無雜念地集中注意力在功課上。

背書的場所

完全安靜無聲的環境

播放廣播節目的環境

周遭有點雜音的環境

少許的雜音會刺激腦部設法排除干擾，迫使大腦提高專注力。

坊間有「潺潺流水聲」之類的音樂光碟，有的人用它們來幫助意念集中，但我並不建議。主要是因為這麼做，有可能讓大腦養成「背記的時候沒有潺潺流水聲就背不起來」的慣性。家中或是附近公園等稍微有點雜音的環境，可以讓人自然進入精神集中的狀態，就是很好的背書環境。

你想到了嗎？沒錯，大眾交通工具上就符合這樣的環境條件。但在這樣的公共場合唸唸有詞難免遭來異樣眼光，車廂內也不適合來回踱步，還請背書背到忘我的人要留意。

我自己當學生的時候，就是個在車廂裡不顧眾人側目，自言自語背著英文單字的傢伙。那時候的我打定主意：「反正他們都是和我的人生無關的人，就算當我是怪物，我也不在乎。對我來說，最重要的是考上好學校，其他都只是雜音罷了。」此時我和外界完全切割，專注在功課上。所以我建議想要在車廂裡用功的人，只要用旁人聽不到的輕聲細語唸給自己聽就好了。

大眾交通工具背書法

搭乘各站停車、單程 90 分鐘的車班來回，在車廂上背書

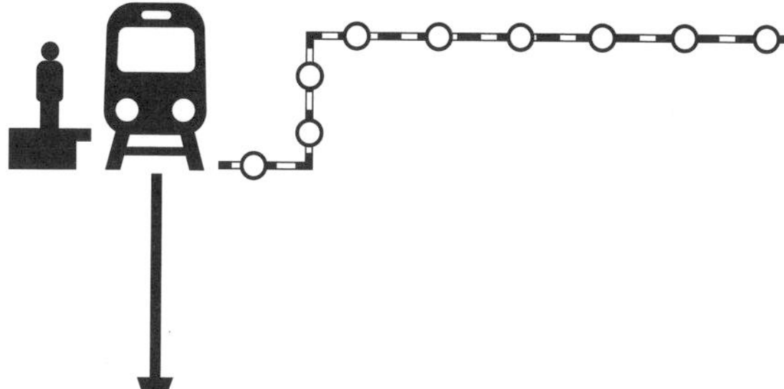

最適合用功的寶座

不太適合用功的座位

適合在大眾交通工具裡背記的科目？

在現今電子科技時代，把學習英語單字或英語聽力的光碟教材輸入智慧型手機，可以有效爭取搭乘大眾交通工具等的片段時間強化學習。請容我野人獻曝，我的《一分鐘英語單字》和《一分鐘英語成語》都準備了智慧型手機版，內建善用零碎時間的學習軟體，哪怕只有一分鐘、三分鐘，都可以用來增強記憶。

本國史、世界史等科目的背記也適合在大眾交通工具裡進行。相反地，也有不適合的科目，例如：數學、物理等。

因為這些科目埋首其中容易渾然忘我，很可能坐過站，如果三分鐘後就要到站，解題解到一半便能讓自己處於不得不罷手的狀態。而需要計算的科目，還是坐在書桌前演算比較有效率。

成效卓著的大眾交通工具背書法

在此傳授我高中時候發明的「大眾交通工具背書法」。作法如下：

故意找「各站停車、單程九十分鐘」的車班，坐車往返。我會選擇坐在車廂頭尾最靠近連結處的座位，因為這裡最不受上下車人潮的影響。如果坐在靠近車門的位置，很容易被每次到站時進出車廂的人所干擾而分散注意力。

車廂兩端最靠近連結處的座位可說是最適合用功的寶座。只是，近來日本的「Suica」[註]等的IC卡上會留下乘車紀錄，萬一被站務人員逮到這傢伙連坐了三個鐘頭的車，也許就不妙了……還有，在大眾交通工具上用功很好，可是千萬不要占用博愛座喔！

註：Suica發音就是日文的「西瓜」，中文俗稱「西瓜卡」，是一種可再加值、非接觸感應式的智慧卡。

觀念⑤ 人的專注力以九十分鐘為限……◎ 專注力本來就是人各有高低……×

「那個人好厲害，看他總是全神貫注不疲累。」「不像我經常注意力渙散，做什麼都不成功。」你也是這麼認為嗎？

其實，人生而平等。

腦科學家告訴我們，人類的專注力最多只能撐九十分鐘。

天縱奇才的專注力也跟凡人一樣

無論是再厲害的天才或只是普通的平凡人，都應該善用「專注力所能集中的九十分鐘」來安排時間。

大學和重考班都以九十分鐘為一堂課。小學的課堂時間則定在九十分鐘的一半——四十五分鐘。國中和高中的堂課時間也是四十五至五十分鐘。

我把自己的大眾交通工具背書時間設定在九十分鐘一節，也是因為「將讀書時間切割成每九十分鐘一個段落」，可以得到最佳效率。

小學生或是對自己的定力沒有信心的人，可以從四十五分鐘為一個段落開始養成習慣，然後逐漸加長時間，直到進入最佳的利用模式，也就是「以九十分鐘為一個段落」。

專注力每十五分鐘一個波段

專注力以十五分鐘為一個波段。每過十五分鐘就會開始感到有點厭倦。也就是說，小學生在一堂課當中會不自覺地經歷兩個專注力的波段。

大學和重考班以九十分鐘為一堂課，因此學生會在一堂課當中不知不覺度過四個專注力波段。

「不要小看零碎時間！」「要懂得善用零碎時間來唸書。」有人這樣叮嚀我們的時候，其實是在說：

「有效利用十五分鐘的短暫時間，把握每一波專注力的高峰期，趕緊用功。」

經過我一解釋，相信各位現在已經掌握到善用零碎時間的訣竅了。

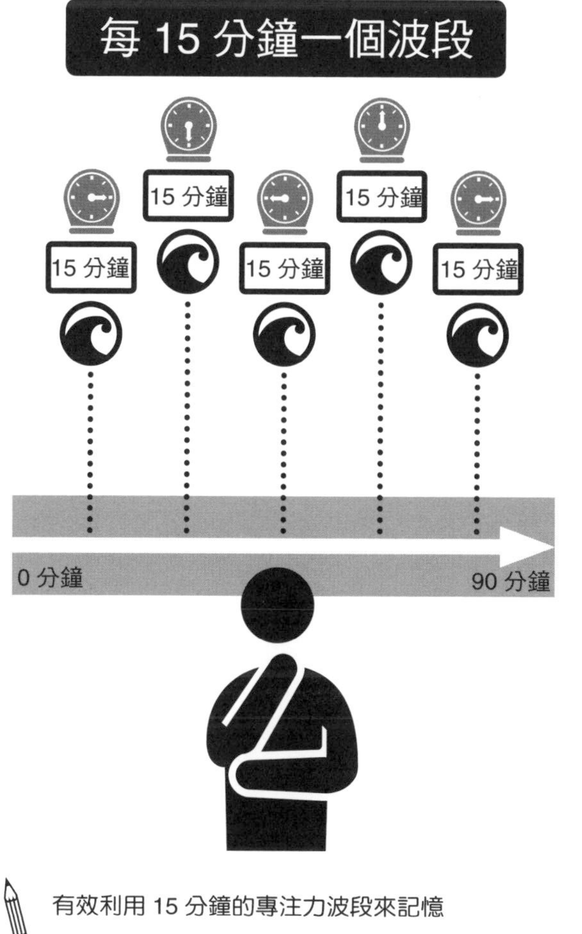
人類的專注力以 90 分鐘為限度
每 15 分鐘一個波段
15 分鐘
15 分鐘
15 分鐘
15 分鐘
15 分鐘
0 分鐘
90 分鐘
有效利用 15 分鐘的專注力波段來記憶

觀念⑥

解決問題後再稍事休息……◎
遇到不會的問題先暫停……×

「這個問題太難了，根本看不懂。不管了，先看漫畫再說！」「這個問題解都解不開，還是先看個電視轉換心情吧！。」你也是這樣解決問題的嗎？

很多書讀不好的人都是這樣。他們一碰到障礙就把問題丟一邊，轉身去看電視找樂子，逃避現實。下次別再這麼做，哪怕是另外找個簡單的問題都好，先解決完畢再去輕鬆一下吧！只是做這樣小小的修正，你就可望躋身天才之列。

解決問題後立刻去放鬆一下

「什麼？你在說什麼？」很多人可能聽不懂我的邏輯。

簡而言之，大腦是「重感情」的。

遇到解不開的問題立刻轉移重心去看電視是找樂子，會讓大腦產生「讀不懂＝快樂」的認知。相反地，解決難題以後立刻去看漫畫放鬆一下，會讓大腦產生「讀懂了＝快樂」的認知。

放棄用功立刻找樂子，會讓大腦認為「自己不開竅的狀態＝快樂」。相反地，就算是解決簡單的問題都好，解開問題以後再去玩樂，會讓大腦認為「自己很靈光的狀態＝快樂」。

「因為解不開問題乾脆去看電視」的孩子，和「因為解開問題所以去看電視」的孩子，幾年以後的成績將會有天壤之別。請各位回想自己小學時候，是不是每次書讀不通就索性去玩電玩、看電視或漫畫？如果是這樣，你的大腦已經誤把「書讀不通的自己」和「快樂」畫上等號。

現在，你不需要做任何努力就可以改變現狀。別再碰到難題就束手就擒，轉身逃避去找樂子，先解決點什麼問題都好，問題解決了再去玩，光只是這樣的改變就能讓你成為讀書高手。

對自己的工作感到無能為力的人，常會說：「真是受夠了工作！我快累壞了，去喝一杯吧！」然後就任憑自己猛灌啤酒。相反地，能幹的人會說：「今天又完成好多工作，來喝一杯犒賞自己吧！」

相對於前者的大腦認知「逃避工作＝喝啤酒的快樂」，後者的大腦認知

重感情的大腦
問題解不開
真糟糕……
找樂子
大腦把思考阻塞
認知為快樂
成績不好
問題解開了
成功了！
找樂子
大腦把解決問題
認知為快樂
天才

則是「完成工作=喝啤酒的快樂」。幾年以後，誰會在職場上勝出呢？答案應該很明白了。多年來，你的成績始終不能盡如人意，該不會就是因為你一直在給大腦錯誤的認知，總是在碰壁的時候去放鬆一下吧！

請趕緊改掉這個害人的習慣，光只是養成「克服難關以後再去放鬆一下」的習慣，大腦就會認定你是個天才！只不過是養成解開問題以後才休息，或是解開簡單的問題以後立刻看電視放鬆一下的習慣，說不定幾年後你就會成為真正的天才呢！

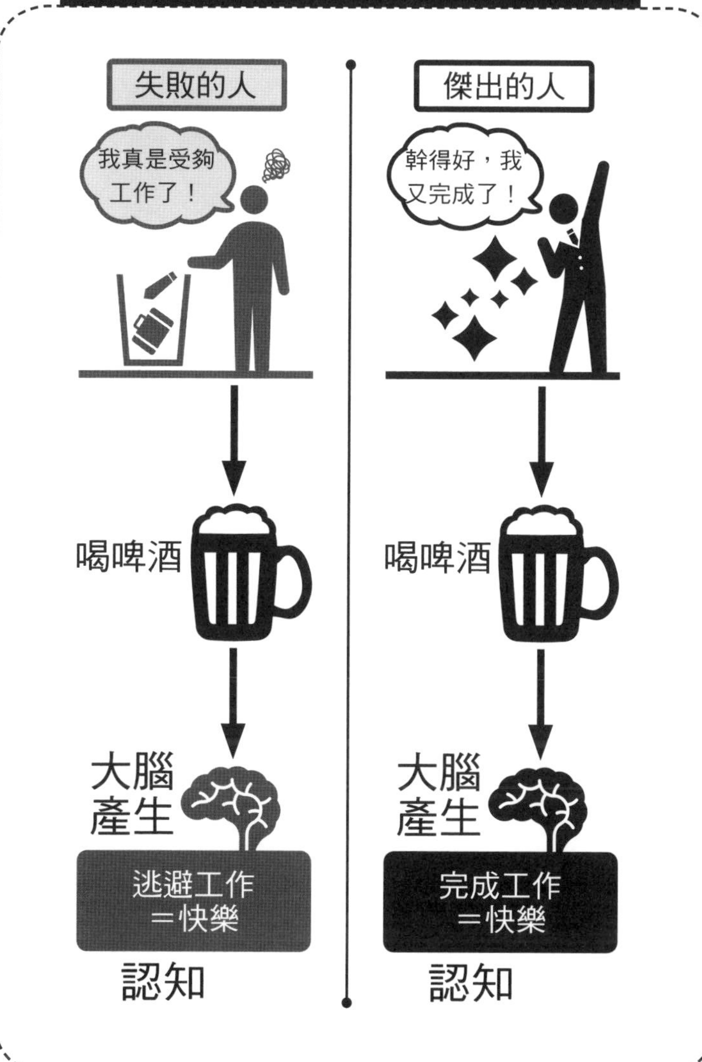
工作傑出和工作失敗的人有何不同
失敗的人
我真是受夠工作了！
喝啤酒
大腦產生
逃避工作＝快樂
認知
傑出的人
幹得好，我又完成了！
喝啤酒
大腦產生
完成工作＝快樂
認知

觀念⑦
背書要複習三次才能記住……◎
背書要過目不忘一次OK……×

「讀書如果可以過目不忘，一次OK就好了。」「看我一次就解決這些英語單字！」有太多人都幻想要「一次記住」所有事情。你該不會也是其中的一個吧？可是，縱使是天才，不複習也會忘記。

大腦並不會「把真正對的事情當作對的事」，而是「把一再重複的事情

當作對的事」。

換句話說，就算是錯的事，只要一再重複，大腦就會把它當作對的事而深信不疑。

一記直拳猛攻也比不上連發刺拳

電視廣告宣傳健康食品的功效，標榜說「服用以後，可以通血路」。乍看第一次，大家的反應可能都是不耐煩，心想：「吵死了，又來騙人！」可是當同樣的廣告一播再播，你或許就會動搖了：「廣告打得這麼兇，如果是騙人的，量它不敢這麼明目張膽，所以應該是真的有效才對。」

借用這個原理所衍生的記憶法就叫作「刺拳KO法」[註1]。很多人都想要帥氣出手，用一記直拳[註2]當場擊倒對手。我現在要告訴你，放棄這個不切實

註1：刺拳（jab），拳擊術語，針對對手的臉部，特別是鼻子，做快速而小幅的出拳，是攻防兼備的有利武器。

註2：直拳（straight），拳擊術語，拳擊技術中最基本的拳法，是指從出拳到攻擊目標，沿直線運動的一種擊打方法，一般用於進攻，或退卻時打亂對方陣腳。

際的想像，選擇用刺拳連續出手，更能有效擊垮對手。

「不是打倒對方，而是不斷打到對方，你就會贏。」（世界拳王默罕默德・阿里）

善哉此言，強化記憶的原則也是基於同樣道裡。因為人類的大腦會把不斷重複的事情當作對的事情，所以只要一再複習，記憶就會牢固不忘。

相信「自己是天才」就會成為真正的天才

你該不會認為自己「頭腦很差，而且不長記性」吧！會這麼認為，恐怕是因為你一而再地重複這樣告訴自己。別再做這種傻事了，如果你從小就不斷告訴自己「我是天才」，你應該已經是天才了。

對大腦來說，一再重複的事就是天經地義的事。大腦對不重複的事會判

一記直拳猛攻比不上連發的刺拳攻擊
一記直拳
快給你倒！
記不住
連發刺拳
我打！
我打！！
我打打打！！！
記住了
一再複習，記憶就會牢固不忘。

定為「沒必要」，而從記憶中刪除。

大腦就是這麼單純。所以想要過目不忘，一次搞定，那是癡心妄想。請更新你對記憶的觀念，那就是：「至少重複三次以上才能牢記。」「連發刺拳可以有效記憶。」

chapter 3

「時間軸記憶法」根據內容分類使用，確實掌握目標

記憶應該分類使用，
並且有短期、長期、單純、影像記憶之分。
這裡將傳授個別記異類型的攻略之道，
擺脫一輩子健忘的命運。

One-Minute Tips for Effective Memorizing

01

區分記憶類型，讓背誦成為拿手強項

「雖然你說了這麼多，我還是無法克服自己對記性的無力感……」「我真能突然開竅，變身記憶高手嗎？」會有這樣的疑慮，我完全能夠理解。

為什麼這麼多人深深為健忘所苦呢？原來，一般人缺乏「記憶分為四種類型」的常識。

認識記憶四類型，背書非難事

「你能說出記憶的四種類型嗎？」就是因為無法毫不遲疑地說出來，才更讓人懊惱，證明自己的記憶力實在不行。現在，你只要認清記憶的真相，就不會再害怕腦袋不管用了。

對於不瞭解的事，誰都會擔憂卻步。但是只要你摸清楚事情的來龍去脈，自然會躍躍欲試，心想「說不定我也可以辦到」！

分類等同理解。

沒錯，而記憶分為四種類，只要逐一攻略，你就是記憶高手。以下，讓我們一一認識記憶的四種類型。

短期記憶限時二十秒

如果用時間軸來區分，記憶可以分為兩種。那就是短期記憶與長期記憶。

什麼是短期記憶呢？「二十秒以內的記憶」就屬於短期記憶。以數字來說，大約就是人腦一次可以記住的「五位數至九位數」。不過，如果缺乏反覆複習，雖然暫時記住了，大概不出二十秒左右就會忘記。相對於只有二十秒壽命的短期記憶，長期記憶就是「超過二十秒的記憶」。

各位一定記得自己的名字吧！聽到有人提到貓、狗、雞，你也知道牠們是圓是扁、長什麼模樣吧！那是因為這些都已經烙印在你的長期記憶中。一輩子忘不了的記憶當然是長期記憶，而只要是多過二十秒鐘的記憶，哪怕只記住三十秒，也都屬於長期記憶。

記憶兩步驟

1 把原先完全不知道的事物置入短期記憶中

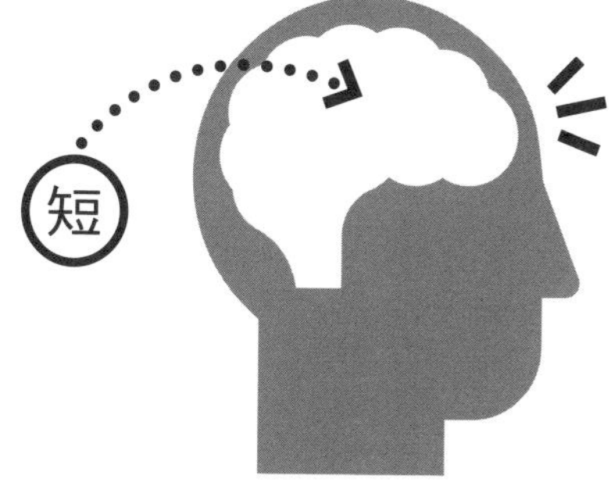

2 將短期記憶植入長期記憶中

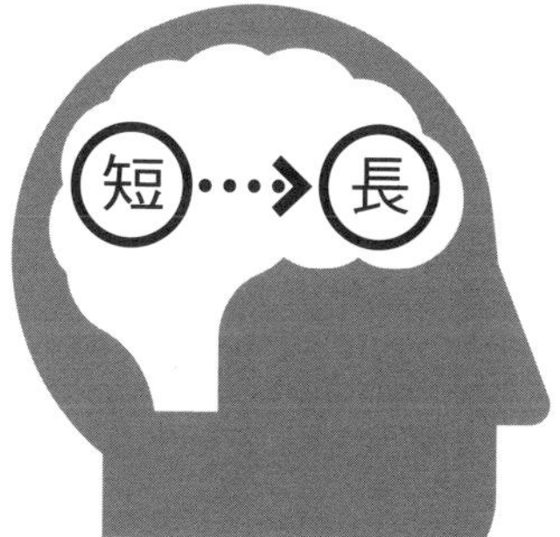

區分①和②的不同，掌握自己正在執行哪一步驟，再進行記憶。

英語把短期記憶稱為STM（Short Term Memory），長期記憶稱為LTM（Long Term Memory）。各位只要記得：

- **短期記憶（STM）＝二十秒以內的記憶**
- **長期記憶（LTM）＝二十秒以上的記憶**

這同時也說明了記憶分為兩個步驟，分別是：

- **把原先完全不知道的事物置入短期記憶中。**
- **將短期記憶植入長期記憶中。**

你只要能夠區分「自己正在執行步驟①」或是「自己正在執行步驟②」，就已經是在「掌握住記憶運作機制」的狀況下進行記憶。

這樣的你就是在明確掌握自己「正在進行短期記憶」或「正在進行長期記憶」的狀態下，執行背記的作業，這就是變身記憶天才的第一步。

02 長期記憶分為單純記憶與影像記憶

長期記憶又可以分為兩種：單純記憶與影像記憶。

單純記憶就是「有什麼記什麼」

單純記憶又名為「單純反覆記憶」。記憶特性為「有什麼就記什麼」，所以也稱為「意義記憶」。

對於慣用母語的意思，你應該可以輕易理解吧！把你所理解的記起來，就是單純記憶。貓、狗、雞等的動物都是生活中一再反覆提到的字眼，所以我們就記住了。

可是難得使用的國字，總是轉眼就忘。那是因為它們儘管曾經進入長期記憶，卻還是延著「記憶遺忘曲線」走，而被我們遺忘了，事情就是這樣簡單。

伴隨「影像」記憶有助進入「長期記憶」

「影像記憶」別名「插曲（episode）記憶」。什麼是「插曲記憶」？簡單說，就是「隨著某一段插曲一同記住的記憶」。

全家人一同觀賞煙火、和喜歡的人一起去遊樂園……這些回憶不必一再拿出來複習也能夠叫人念念不忘，不是嗎？因為是和生命中的某一段插曲一同記住的，所以別名「插曲記憶」。「影像記憶」如同其名，它會伴隨著影像植入腦海中。即便未曾直接親身體驗，只要有影像浮現腦海就行了。

例如，為了記住成語「喧賓奪主」的意義，而用「乞丐趕廟公」來幫助記憶。這其實是取「廟公原本是廟的主人，居然會被外來的乞丐趕走」的意義，而把整個成語連同字義都串進一個充滿畫面的句子裡。

令人印象深刻而隨著影像畫面一同浮現的記憶，就容易深植腦海成為長期記憶。

我個人喜歡用「影像記憶」這個詞，而不說「插曲記憶」。因為當我們說「插曲記憶」時，就讓那些愛找藉口的人有話說：「那是我不曾經驗過的事，因為沒有插曲，當然記不住了。」一般都說「影像記憶＝插曲記憶」，但是我的分類稍有不同。

影像記憶分為兩種：

①有插曲

②沒有插曲

有生活插曲當然再好不過，沒有的話，自己創造一個影像畫面就得啦！

至於單純記憶，一般都說「單純記憶＝意義記憶」，但是我也稍微做了不同的區別。

單純記憶分為兩種：

①有意義的事

②沒意義的事

所以我不用「意義記憶」這個詞，而只說「單純記憶」。

影像浮現眼前，記憶深刻難忘

乞丐趕廟公

趕快搬走！

咦～什麼？！

廟公的私人物品

乞丐居然把廟公趕走，真是喧賓奪主。

單純記憶與影像記憶的目標各不相同

單純記憶與影像記憶究竟哪個效果好？有的人也許認為：「有過強烈的親身體驗，記憶當然歷久彌新，忘也忘不了囉！」然而，單純記憶與影像記憶之間並沒有孰優孰劣之別。

單純記憶與影像記憶各自有其擅長的領域，根據記憶的對象，「分類使用」很重要。

「語言」、「本國史」、「世界史」適用單純記憶

單純記憶專長的領域在語言（例如：英語單字、英語片語、英語文法），或是本國史、世界史這類背記的科目。

單純記憶尤其適用於「一對一」的記憶。

以英語為例，一個單字對一個意義，這樣就容易記住。「中華民國是誰建立的？」「孫中山。」像這樣，可以反覆用一問一答背記的內容，就適合單純記憶。

運用單純記憶的致勝關鍵，就是如何把效率控制在一秒鐘記住一個單字？如果是採取一問一答，該如何在一秒鐘內完成問答？

複習越是反覆不止，記憶就越強烈鮮明。

就好像一〇七頁的插圖一樣，把記憶的細線一條又一條綑在一起，漸漸就會變粗繩。單純記憶透過反覆的複習，會成為牢固不忘的記憶。相反地，如果不複習，本來脆弱的細線很快就會消失於無形。

趁著記憶的細絲線消失前，將它們大量捆紮成束，這是把單純記憶植入長期記憶的方法。

透過反覆複習，記憶強烈鮮明

一條記憶的細線

好幾條記憶的細線綑成束

更多的記憶束綑在一起

成為記憶的粗繩！

千萬別用諧音背英語單字！

諧音有時候很好用，但是有時候不該用。那就是背英語單字的時候。

以「mouse＝老鼠」為例，如果用中文發音「貓死」來記住「老鼠」這個單字，會引發什麼後果呢？當你讀到英文「mouse」的時候，腦海就得先浮現「貓咪死掉」的影像，才能聯想到老鼠，閱讀速度將會因此變慢。

背英語單字、英語片語、英語文法別用「諧音」

我當學生的時候，曾經用諧音來背「deny ＝否定」這個單字。我是這麼記的：「考題沒出現[註]就是否定。」沒想到令人傷腦筋的狀況發生了。

這個單字竟然經常在考題中出現！「這題又出現了！」我在考場作答時心裡忍不住嘀咕，結果平白浪費寶貴的答題時間，當時的懊惱到現在都還記憶深刻。偏偏我始終無法抹去「deny」的影像記憶，這件事至今還清楚刻畫在我的腦海裡，就表示它已經深深烙印在我的長期記憶中。

我知道有人用取諧音的方式來背所有的英語單字，但是我還是持相反的論調。因為這樣會嚴重耽誤閱讀速度，所以在背英語單字、英語片語和英語文法時，請盡量避免不要取諧音。

註：「考題沒出現」，日文是「でない」，發音 denai，與 deny 諧音。

利用簡單圖像，強化影像記憶

「印象越強烈，記憶越深刻」是影像記憶的特性。以「一八九四年，中日甲午戰爭爆發」為例。用諧音背記的話，就是：

「一拔就死！」（被敵人拔出來的槍擊中，必死無遺。）

請各位想像畫面：腦袋被槍擊中，絕對活不了。怎麼樣？是不是一輩子都忘不了呢？

運用影像記憶時，自己扮演「主角」印象更深刻

運用影像記憶的重點，就是要把自己當「主角」。被槍擊中的不是別人，正是你自己。就如同一一三頁的插圖所指示，畫面中的主角必須貼上你自己的大頭照。

現在有什麼感覺？是不是很刺激、很「視覺系」呢？

取諧音的時候，自己扮演主角化身其中，自然會越背越順了。如果可以事先準備好自己的大頭貼，愛怎麼貼怎麼貼，那就更方便。先把自己化身為故事裡的主角，最好再用筆簡單勾勒出畫面。

如果還要加強印象，就必須把情境融入其中。

比方說，現在要把「大象↓烏龜↓鶴」按照順序背下來。各位應該經常會在電視等媒體上，看到記憶天才背出一長串毫無意義關連的圖片順序。這種時候，就要自創情節來串連順序。

大象被烏龜吞了。（哇，那會是多麼巨大的烏龜！）烏龜被鶴啄了眼睛。（哎呀，好痛！）

也就是把毫無意義的順序用故事加以串連，因為故事情節產生的主觀感受能加強記憶，於是很快將「大象↓烏龜↓鶴」的順序背下來。比起不斷單純覆誦「大象↓烏龜↓鶴」「大象↓烏龜↓鶴」「大象↓烏龜↓鶴」，影像記憶在這時候更可以加強印象而深化記憶。

影像記憶

中日甲午戰爭＝一八九四年

一　・拔・就・死

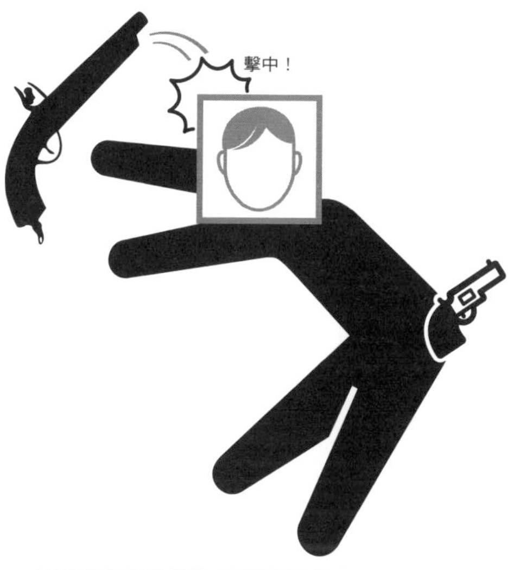

勾勒畫面，把自己的照片貼在主角的臉上

化身為主角，自然會越背越順。

06

單純記憶和影像記憶外，就用音樂解決！

「可是，有的狀況好像既不適用單純記憶，也不適用影像記憶耶！」沒錯，常規之中必有例外。

偶爾確實會面臨到這樣的難題。既不適用一對一的單純記憶，也不適用一對多的影像記憶，想要取諧音又怎麼也編不出來，這時候該怎麼辦呢？此時的必勝祕技，就是「用歌唱記憶」。

用歌唱的方式記憶還可分為兩種：

①編成歌訣

②編成饒舌歌

長度過長而無法取諧音時，用歌訣來記憶

比方說，中國歷史朝代為數眾多，記憶困難，不妨借用通俗的名曲來幫助背誦。

這裡用的是〈哥哥爸爸真偉大〉這首歌的旋律。

唐堯虞舜夏商周　秦漢接三國

魏晉南北朝　隋唐五代十國

宋元明清　中華民國

悠久文化五千年

只有五千年　只有五千年

因為朝代太多，不可能用諧音串連，於是配上歌曲旋律來唱誦，就不容易忘記。

成為背書高手非難事

從時間軸區分，記憶可以分為兩種類型：

①短期記憶……二十秒以內的記憶

②長期記憶……二十秒以上的記憶

記憶又分為兩階段，分別是：

①把原先完全不知道的事物置入短期記憶中

②將短期記憶植入長期記憶中

經過以上步驟，大腦就完成記憶作業。

一對一，單純記憶；一對多，影像記憶

將短期記憶植入長期記憶的過程中，會發生兩種記憶，分別是：

①單純記憶

②影像記憶

單純記憶是經過不斷重複背誦的記憶，基本上適用於一對一的背記，像是背英語單字等語言類的學習。影像記憶是運用影像畫面來強化記憶，適用於一對多的背記，像是背古文單字、歷史事件與年號的連結等。學會以上記

短期、長期、單純、影像記憶法總整理

以時間軸來區分

短期記憶　長期記憶

記憶兩階段

1 把原先完全不知道的事物置入短期記憶中

2 將短期記憶植入長期記憶中

1 單純記憶

以一對一的記憶為主，例如「英語單字」等。

2 影像記憶

以一對多的記憶為主，例如「古文單字」或「年號」等。

憶的基本概念，讀書才不會老是狀況外，用功起來格外踏實。

而如果還想要提高記憶的效率，那就要繼續向第四章的「四色記憶法」精進。為了提高記憶效率，我們必須要博採各家妙方，盡最大可能將記憶的效率發揮到極致。沒有人生來就是記憶天才，記憶高手其實是憑藉後天摸索得來的記憶訣竅，成為眾人嘖嘖稱奇的金頭腦。

想成為記憶天才不只是左腦要靈光，還必須開發右腦功能，好讓你的記憶力登上無敵境界。

chapter 4

「四色記憶法」善用色彩工具，開發右腦記憶空間

想要用最小的努力換取最大功效，
就必須明白顏色對人類記憶的重要性。
善用人類大容量的右腦對色彩的反應，
正是記憶高手的必勝法則。

One-Minute Tips for Effective Memorizing

記憶的竅門在於善用色彩活化右腦

人類的大腦分為「右腦」與「左腦」。使用記憶的竅門，在於有效的運用右腦。

右腦與左腦有什麼不同呢？

- 左腦……掌管語言、邏輯思考，容量小。
- 右腦……掌管畫面、影像，容量大。

由於右腦掌管影像畫面，所以對「色彩」產生反應。也就是說，懂得利用「色彩」的人，就能善用右腦。

使用藍色墨水，提升記憶力

「讀書的時候，你都習慣用什麼顏色的墨水寫字？」結果大多數人都回答「用黑色墨水」。

就是這樣不得要領，難怪書背不起來！右腦對色彩產生反應，而你偏偏用了最沒有色彩的黑色墨水，所以讀書效率低迷不振。

從結論上來說，使用「藍色墨水」是強化記憶的正確解答。藍色是「連結色」。

YAHOO！奇摩首頁的連結畫面就是藍色。相反地，斷絕連結的時候就常常用黑色。也就是說，現代人已經在不自覺間形成「互相連結的顏色＝藍色」的認知。將這樣的認知應用於學習，就是：

①必須和記憶連結的內容，用藍色書寫。

②無關緊要的內容，用黑色書寫。

養成以上用色習慣，將可以有效增強記憶力。

例如，讀書的時候養成基本上用藍色墨水書寫的習慣。你也會發現，老師在講台上寫板書時，用的也是藍色墨水的白板筆。那麼，什麼時候使用黑色墨水呢？像是「今天晚餐要微波熱過以後再吃喔！」這類，看過就可以忘掉的事，不妨使用黑色墨水來寫。

平日瀏覽網路時，大腦已經建立「藍色連結重點」的認知，所以「需要背記的內容或是讀書重點，使用藍色墨水書寫」；相反地，「無關緊要的事

右腦與左腦的不同

掌管畫面、影像，容量大。

掌管語言、邏輯思考，容量小。

右腦 左腦

右腦對色彩產生反應

記憶的竅門在於善用「色彩」活化右腦

則用黑色墨水交待即可」，這就是善用右腦的讀書法。

不但如此，五彩繽紛的顏色還能增添讀書的樂趣。比起黑色墨水，用藍色墨水書寫更叫人好心情，這是真的！

「養成使用藍色墨水書寫的習慣」，是右腦記憶法的第一步。隨身常備三支藍色墨水筆就對了。請記得，光只是這麼做，記憶力就可以增強一‧一倍。

不費吹灰之力就能坐收成效，不做豈不是虧大了。從現在起就養成用藍色墨水書寫的習慣吧！

配合記憶四階段，以色彩強化印象

「我知道了！原來右腦對色彩產生反應，那我就用二十四色和它拚了！」你是這麼盤算的嗎？只是你知道嗎？一口氣使用太多顏色，反而要花腦筋想：「接下來要選什麼顏色好？」結果耽誤了效率。

使用色彩加強讀書效率，僅以「四色」為限。這四種顏色分別是紅色、綠色、黃色、藍色。

螢光筆要買這四種顏色，便利貼也準備這四種顏色，配套工具準備齊全以後，就可以展開高效率讀書計畫了。背記時，「配合記憶四階段，區分使用墨水顏色」，又可以將記憶力提升到最大效率。

區分階段使用顏色，效率高

所謂「記憶的四階段」，分別是：

①一眼就明白。
②三秒後才反應過來，記憶不可靠。
③有印象，但不知所以。
④見所未見、聞所未聞。

配合四階段的學習，分別以四種顏色加以標記。

紅色▼▼▼一眼就明白。

綠色▼▼▼三秒後才反應過來，記憶不可靠。

黃色▼▼▼有印象，但不知所以。

藍色▼▼▼見所未見、聞所未聞。

分階段使用顏色可以將記憶發揮到極致，達到效率化。

按照「藍→黃→綠→紅」的順序記憶

記憶的順序很重要，依序先從藍色開始，再將它轉變成黃色。也就是優先熟悉「見所未見、聞所未聞」的內容，直到變成「看過、有印象」的階段。

大家都聽過「孫中山」、「拿破崙」吧！因為不陌生，所以關於他們的相關事蹟就容易植入記憶中。可是說到「奧古斯都大帝屋大維」、「通古斯人種的夫餘族」，你還是這麼熟悉嗎？對見所未見、聞所未聞的對象，他們發生了哪些事，你就是想記也記不住。

所以必須先把「藍色的內容」進階變成「黃色的內容」。也就是從最初的完全陌生，到留下印象，像是「奧古斯都屋大維大帝這名字好像經常聽到，他究竟是誰呢？」「夫餘族屬於通古斯人種這件事，似乎有點耳熟呢！」

接下來，就是頻頻製造接觸機會，好讓「黃色的內容」再進階變成「綠色的內容」。亦即，把「有印象但不知所以的內容」，變成「三秒鐘就可以反應過來的事」。「是誰在阿克提姆海戰當中打敗安東尼和克麗奧佩脫拉的聯合軍隊呢？唔，我記得應該就是奧古斯都大帝屋大維。」「夫餘族屬於哪一人種呢？讓我想想，應該是通古斯人沒錯。」

最後，就是從「綠色的內容」進階到「紅色的內容」。歷經記憶的四個

記憶四階段的金字塔圖

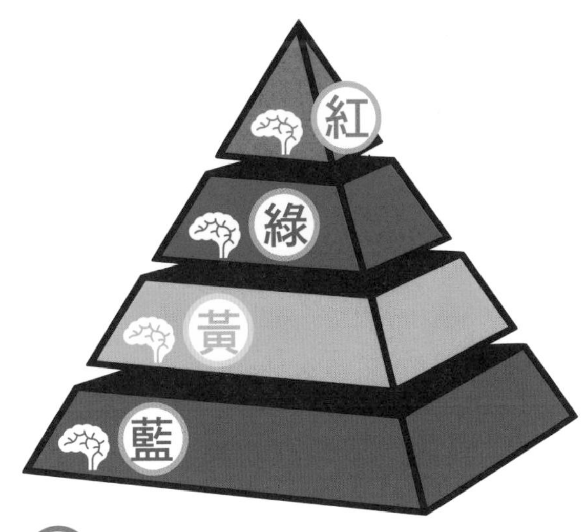

一眼就明白。

3 秒後才反應過來，記憶不可靠。

有印象，但不知所以。

見所未見、聞所未聞。

分階段使用顏色

階段，從一開始「朦朧的印象」變成「想都不必想的即時反應」，過程中都有賴一再的反覆複習，將短期記憶深化為長期記憶。

書讀不好，往往是因為讀書的觀念不對。不對的原因在於，十之八九都錯以為「讀書就是把不會的讀會」。「什麼？讀書不就是把不會的讀會嗎？哪裡錯了呢？」你或許很納悶。

的確，「把不會的讀會」是讀書學習的目的。不過，這樣只是停留在藍色↓黃色，黃色↓綠色的階段而已。讀會了以後還要一而再地複習，直到能夠想都不想就直覺反應，才是百分百的記住。

能在益智節目的搶答中脫穎而出的最後優勝者，都是一聽到問題就同步說出答案的人。至於那些聽完題目以後還要「欸欸、啊啊」沉吟半晌的人，很快就被淘汰出局。

關於記憶這回事

1 把「見所未見、聞所未聞」的內容，變成「看過、有印象」的事。

2 把「看過、有印象」的內容，變成「3秒鐘反應過來」的事。

3 把「3 秒鐘反應過來」的內容，變成「一眼就明白」的事。

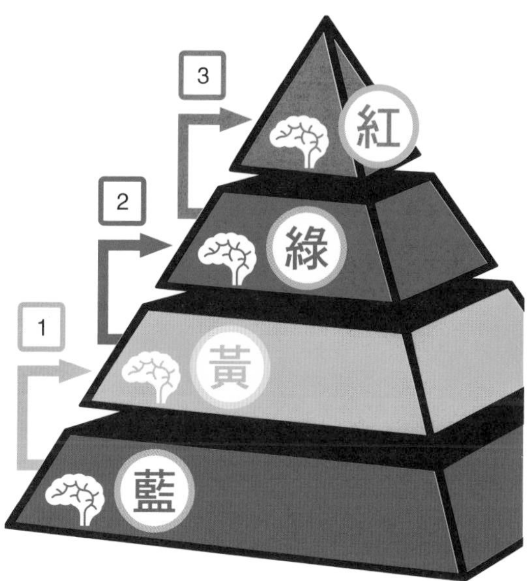

完成 1 2 3 階段，
才算真正完成完整的記憶作業。

所謂記憶，必須經過以下三步驟：

●藍色↓黃色（把「前所未聞」的內容，變成「有印象」的事）

●黃色↓綠色（把「看過、有印象」的內容，變成「三秒鐘反應過來」的事）

●綠色↓紅色（把「三秒鐘反應過來」的內容，變成「一眼就明白」的事）

完成以上三步驟以後，才是真正記住了。

多數人以為「把不會的讀會」就是讀書，所以記憶的動作只完成了三分之二，才會因此功敗垂成。功虧一簣的關鍵，就是少了綠色↓紅色的步驟，除非能做到反覆背誦直至可以毫不遲疑的即時反應為止，否則不算是真正把內容深刻植入長期記憶中。

只要養成「將記憶四階段分成四色分別標記」的習慣，自然就會成為記憶高手。

四色魔法記憶紙的神奇驚人記憶效率

首先請買好紅、綠、黃、藍四種顏色的螢光筆。這四種顏色的便利貼也是必要工具。請隨時在家中準備好大、中、小不同尺寸的四種顏色便利貼。

接下來要進一步向大家推薦的，是「四色魔法記憶紙」。

用法：取一張「印好紅、綠、黃、藍四種色塊」的紙，然後用藍色墨水筆把學習內容分類填進不同色塊。各位可以在我的「《一分鐘讀書法》」的網站（http://www.1study.jp）免費下載「四色魔法記憶紙」。

不熟悉的內容也能快速晉級「紅色塊」

你如果問我「四色魔法記憶紙」有什麼用處，我會告訴你說，它的用法可以發揮到無限大。

例如，用藍色墨水筆將一看就會的內容寫在「紅色塊」上，印象模糊的內容寫在「綠色塊」上。

又以背記英語單字為例。先把單字分類寫在便利貼上：

①完全沒看過的單字貼在藍色塊。
②有印象可是不知所以的單字貼在黃色塊。
③三秒後才反應過來的單字貼在綠色塊。
④一眼就明白的單字貼在紅色塊。

這就是「四色魔法記憶紙」

在一張紙上印好紅、黃、綠、藍四種顏色區塊。

讀者可以從 http：//www.1study.jp 下載「四色魔法記憶紙」

這麼一來，你就可以用最快的速度學習英語單字了。不但如此，便利貼有四種顏色，以背英語單字為例，可以這樣區分使用：

●紅色……名詞
●綠色……動詞、片語
●黃色……形容詞、其他
●藍色……副詞、接續詞、文法

背本國史和世界史的時候，可以這樣區分使用：

●紅色……人名
●綠色……事件
●黃色……其他
●藍色……年號

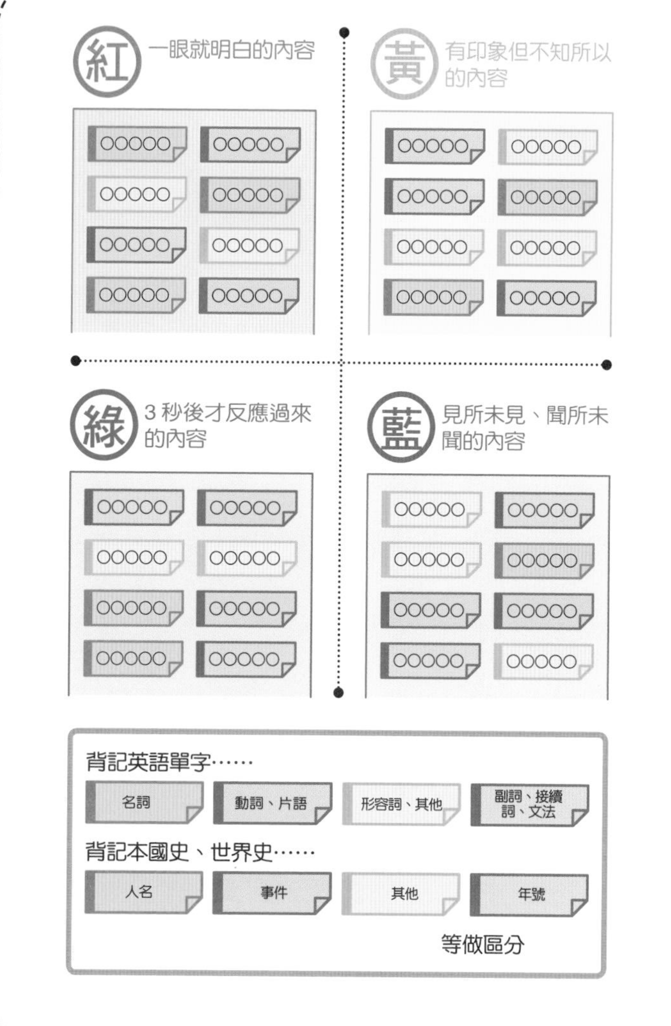
四色魔法記憶紙與四色便利貼的應用法
紅
一眼就明白的內容
黃
有印象但不知所以的內容
綠
3 秒後才反應過來的內容
藍
見所未見、聞所未聞的內容
背記英語單字……
名詞
動詞、片語
形容詞、其他
副詞、接續詞、文法
背記本國史、世界史……
人名
事件
其他
年號
等做區分

像這樣，在「四色魔法記憶紙」隨時貼上各種學習便利貼，很快地，所有的便利貼都晉級到紅色塊了！直接書寫在「四色魔法記憶紙」上有效果，貼便利貼使用也一樣好用，真可以說是一項萬能法寶。

使用四色檔案夾，成果一目了然

把「四色魔法記憶紙」或是活頁紙投進四色「檔案夾」，是我接下來要提供大家的另一項法寶。

- 藍色檔案夾……見所未見、聞所未聞的內容
- 黃色檔案夾……有印象但不知所以的內容
- 綠色檔案夾……三秒後才反應過來的內容
- 紅色檔案夾……一眼就明白的內容

當紅色檔案夾裡的紙張越來越多，表示你牢記的資訊越來越多了。平時經常把「綠色檔案夾」帶在身邊，方便你一而再、再而三地複習「綠色＝三秒後才反應過來」的內容。

以一秒一頁的速度「目視」，一分鐘就可以複習六十頁。

檔案夾都滿了就準備「檔案盒」

當檔案夾裝滿了，或是學習內容暴增，勢必要進行一番整理。這時候，四色檔案盒就派上用場了。

- 藍色檔案盒……見所未見、聞所未聞的內容
- 黃色檔案盒……有印象但不知所以的內容
- 綠色檔案盒……三秒後才反應過來的內容
- 紅色檔案盒……一眼就明白的內容

四色檔案夾與四色檔案盒的應用

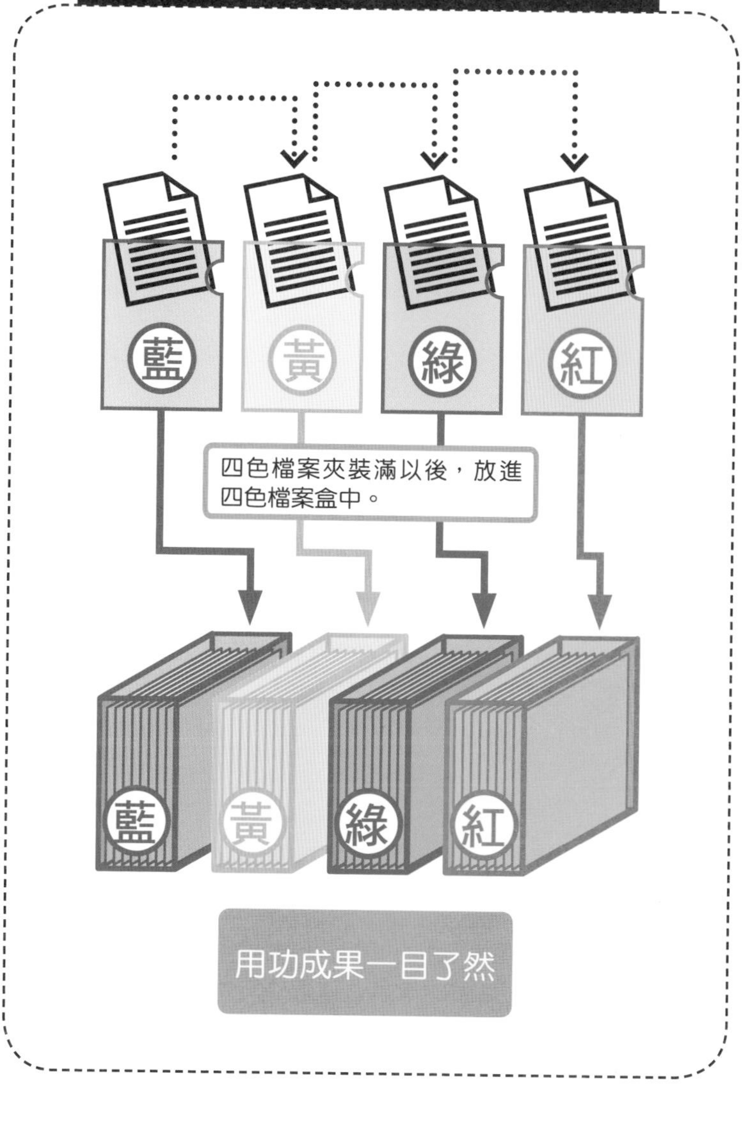

藍
黃
綠
紅

四色檔案夾裝滿以後，放進四色檔案盒中。

藍
黃
綠
紅

用功成果一目了然

經過這番整理，用功成果是不是一目了然了呢？檔案夾在三十九元商店就可以買到，檔案盒也是平民化的文具，請為提升學習效率做一點小投資吧！

當眼前完全只剩下以下四種顏色時：

●紅色
●綠色
●黃色
●藍色

你的大腦就會像帕布洛夫實驗[註]當中起條件反射的狗那樣，自然反應道：

「我要把藍色變黃色！」「我要把綠色變紅色！」

這時，你就變身記憶達人了！

註：俄國著名生物學家。帕布洛夫的條件反射實驗之一，是在每次餵食狗之前都先按鈴，久而久之，狗只要一聽到鈴聲就不由自主地流口水，證明了動物經過後天訓練，可以對新的事物產生條件反射。

chapter 5

「三明治記憶法」夜晚睡前、晨間起床是最佳複習時機

把短期記憶植入長期記憶，
擺脫一轉身又忘光的悲劇。
認清「記憶的方法」與「維持記憶持久的方法」完全不同。
才是長久維持記憶的王道。

One-Minute Tips for Effective Memorizing

善用睡眠時間，深刻烙印記憶

「我現在知道四色記憶法的威力了。那麼，可有什麼好辦法能夠讓我一旦記住了就再也不會忘記嗎？」你的需要我都知道，接下來就要傳授你這一招。

將短期記憶植入長期記憶的過程中必不可少的，就是「睡眠」。

苦讀整個晚上的記憶無法保鮮

人在睡眠當中，潛意識處於毫無防備的狀態。這時，腦子裡的事情會在無意識中重新來過，植入長期記憶中。

「這莫非就是睡眠學習法的一種？」你恐怕想太多了，事實上並非如此。它完全不同於睡眠中戴著耳機聽教學錄音帶這種事。

你只要像平常一樣躺著睡覺就好。睡著的時候，短期記憶自然會植入長期記憶中。腦神經之間有所謂的「突觸」（synapse）相連結。睡著的時候，突觸容易互相連結，進行記憶整理。

你曾經有過「苦讀整個晚上，卻立刻忘得一乾二淨」的慘痛經驗嗎？之所以忘得這麼快，是因為「熬夜一整晚」「沒有睡覺」的緣故。

最符合記憶需求的睡眠時數是「七小時又三十分」

那麼，每天睡幾個鐘頭最好呢？我當學生的時候，曾經做過這樣的實驗。無論是睡三小時、三小時半、四小時、四小時半、五小時、五小時半、六小時、六小時半、七小時、七小時半、八小時、八小時半、九小時，我全都試過，為的是找出「晚上睡多久可以在第二天精神飽滿又不會忘記前一天背過的功課」。

晚上睡太少，第二天不是整日昏昏欲睡，就是有氣無力。相反地，睡眠超過八小時，起床後多半腦袋昏沉，反應遲鈍。我的結論是：

睡眠時數以七小時又三十分鐘最恰到好處！（其次是七小時）

有研究統計數據顯示，睡眠時數七小時左右的人，死亡率低於其他睡眠時數的人；而罹患糖尿病和高血壓的風險，也以睡眠七小時前後的人最低。

夜晚 10 點鐘睡覺，早晨 5 點 30 分起床最理想！

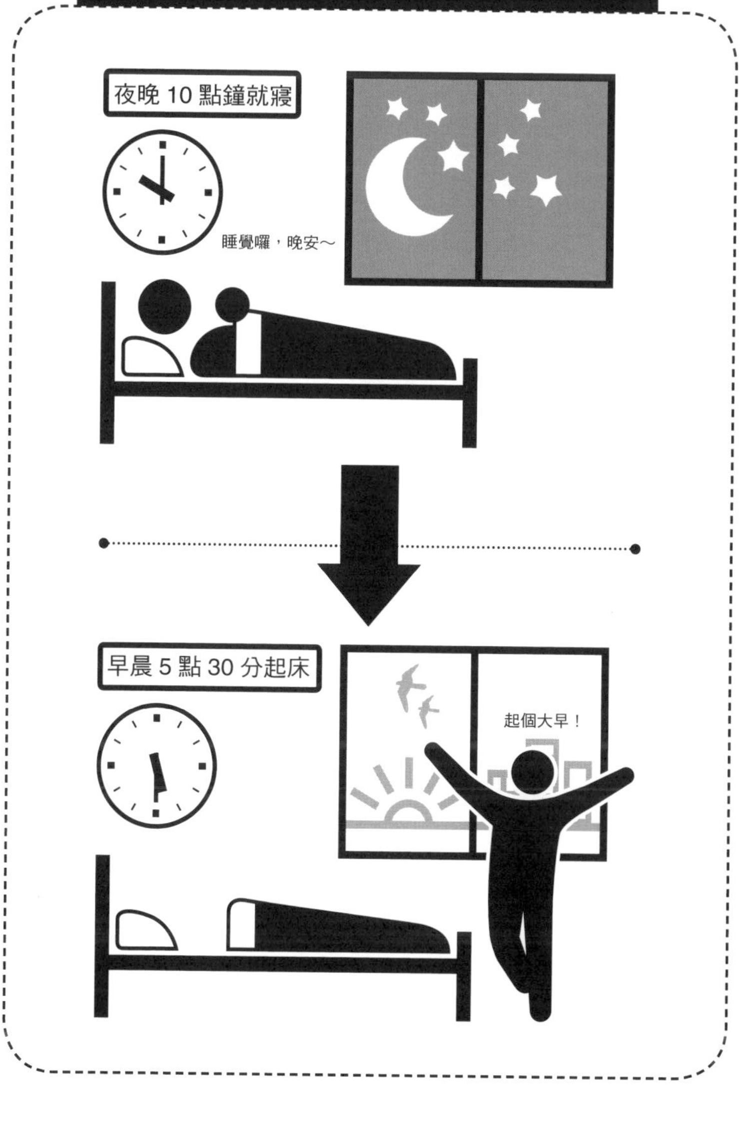

夜晚 10 點鐘就寢

睡覺囉，晚安～

早晨 5 點 30 分起床

起個大早！

你一定會進一步追問：想要增強記憶的話，晚上幾點鐘睡覺、早上幾點鐘起床最理想呢？

我的答案是：晚上十點睡覺，第二天早晨五點三十分起床。

為什麼是這個時間呢？因為生長荷爾蒙分泌最旺盛的時間，就是夜晚的十點到第二天凌晨的兩點，共計四個小時。這四個小時是生長荷爾蒙分泌最活潑的黃金時段，不趕緊在此時熟睡，就枉費生長荷爾蒙這個天賜良藥了。

由於生長荷爾蒙會在入睡後的三十分鐘開始活化，所以夜晚九點三十分上床睡覺，第二天早上五點起床也是很好的安排。

只是，有的戲劇迷無論如何都要看完九點檔的連續劇才肯罷休，還有人抱怨九點三十分睡覺實在太早，翻來覆去就是睡不著，所以我把就寢時間訂在十點，方便養成習慣。

香蕉與巧克力的神奇助力

「血清素」[註]這種大腦神經傳導物質，據說有助於將短期記憶植入長期記憶的作用。「血清素」在我們每天早晨起床後開始旺盛分泌，這個時段就成為最佳的晨間複習時間。

此時來上一根香蕉，是清晨用功讀書的絕配。

因為香蕉富含「色胺酸」和維生素B_6，前者是製造血清素的前驅物質，

註：Serotonin，是快感的情緒傳導物質，能令人萌生自信開朗、輕鬆自在的幸福感，也有促使人專注的作用。大腦中缺乏血清素，有可能引發憂鬱現象。

後者有協助合成血清素的功能。

早上起床吃香蕉，白天吃巧克力

有一陣子日本流行「早上吃香蕉減肥」，事實上，養成「早上吃香蕉的習慣」，對於將短期記憶植入長期記憶是有幫助的。

至於白天用腦的時候，吃點巧克力很不錯，因為巧克力的可可鹼（theobromine）有提高記憶力與專注力的作用。而且市售巧克力都添加了糖，糖分可以消除大腦疲勞。我自己在準備考試的時候，就經常拿著巧克力邊走邊吃邊背書。

總之，每天早上起床吃根香蕉，白天吃點巧克力。這是提升記憶力的最佳飲食習慣。

將短期記憶轉化為長期記憶的方式

睡眠過程中，短期記憶會自然植入長期記憶，所以把握睡前時間，把該背的功課放進腦袋裡很重要。說「睡前」似乎有點太籠統，精確地講，應該是：

「就寢前的九十分鐘。」

早上一起床，是血清素分泌最旺盛的時候，所以選在一起床後的九十分鐘，複習前一晚背記的內容，可以收到事半功倍的效果。

「睡前九十分鐘」與「起床後九十分鐘」背書效果最佳

利用睡前的九十分鐘與起床後的九十分鐘，期間夾著七個小時三十分鐘的睡眠時間來背書，就稱為「三明治記憶法」，是最容易將短期記憶植入長期記憶的記憶法。

臨睡前背記的內容，會在我們睡著而潛意識毫無防備的狀態下，在大腦中來回縈繞。早晨起床後，正值血清素分泌最旺盛的時段，適合再一次複習昨晚的功課。

必須注意的是，不要在早晨背記新的功課。早晨起床後的讀書時間純粹做為複習時段，用來重溫前一天或是之前的學習內容。

清早一覺睡醒，感覺神清氣爽，禁不住摩拳擦掌，想要挑戰新的數學題，或是和長篇的英文閱讀纏鬥一番。但是且慢，請暫時按捺住自己極欲大顯身手的衝動，先從複習功課開始。這可是鞏固記憶的訣竅。

三明治記憶法

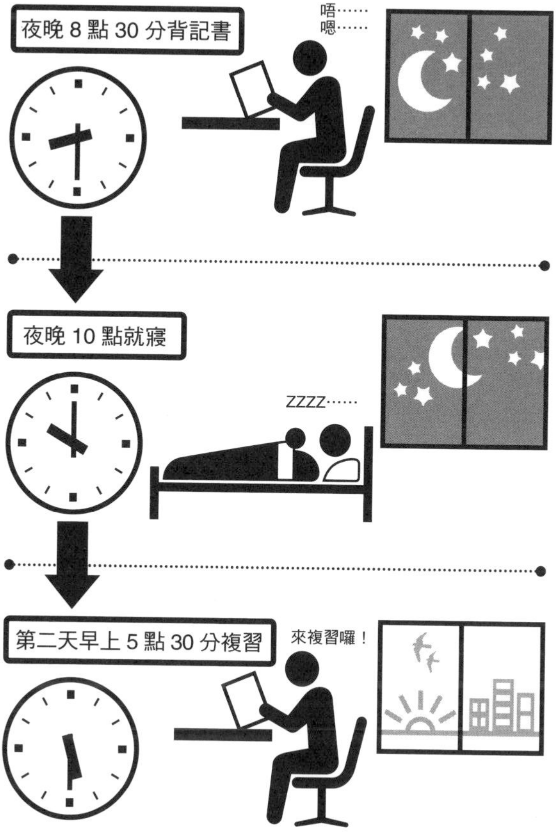

夜晚 8 點 30 分背記書

唔……
嗯……

夜晚 10 點就寢

ZZZZ……

第二天早上 5 點 30 分複習

來複習囉！

這樣做最容易將短期記憶植入長期記憶！

一日三分法，迅速提高讀書效率

用功必須講究方法，我推薦的是「一日三分法」。

大腦最活躍的時段是一天的早上。過了中午到入夜以後，大腦就會越來越疲倦。

中午以前，腦筋特別靈活，適合讀數學這類「需要大量用腦的學科」。

下午適合用來讀「語言」這類不需要大量耗用腦力的學科。入夜以後，大腦已經疲憊，思緒也變得遲鈍，最好不要再用新的學習加諸大腦負擔，最適合讀本國史、世界史這一類背記的科目。

只要在就寢以前建立短期記憶，透過睡眠的作用，自然就會將短期記憶植入長期記憶中。

中午過後，腦筋反應變遲鈍

身在職場中的社會人士，也可以比照同樣原理應用於工作術。中午以前頭腦最靈光，可以勝任一個人單打獨鬥的作業。中午以後腦力變得稍微遲緩，適合與人會面商討等眾人合力完成的作業。入夜以後大腦疲憊，正是大夥兒一同聚餐等的社交時間。

無論是讀書或工作，都適用「一日三分法」來安排作業表。

一天當中最適合用來背書的時間，依序是：

①「睡前的九十分鐘」與「起床後的九十分鐘」，必須做最大限度的利用。

②其餘零碎時間，或是以九十分鐘為單位的時段。

如此規劃，可以將一天的時間做最有效的利用，收獲最大的記憶成果。

接下來，我們的安排將不再只以一天為單位，而要為更長期的記憶做時間規畫，我會在第六章說明，連帶傳授專為大考當天的最佳表現所擬定的讀書計畫。

一日三分法

讀書	工作
 中午以前 大量用腦的學科	 中午以前 一個人單打獨鬥的作業

中午以後 以語言學科為主	 中午以後 與人會面商討的作業

入夜後 背記的科目	 入夜後 社交時間

chapter 6

「實力控制記憶法」精準規劃記憶歷程，一日天才可速成

任憑再怎麼博學強記，
如果應試當天記憶失靈，也沒戲唱。
如何臨時抱佛腳也能順利上榜，
關鍵在於是否可以控制、駕馭你的實力。

One-Minute Tips for Effective Memorizing

成為記憶天才不是夢想

「記憶天才不就是過目不忘嗎？」不少人都存有這樣的幻想，然而，記憶天才也是人，只要是人就不可能不遺忘。記憶天才不過是懂得將記憶內容與強烈的印象結合起來，植入長期記憶罷了。

身而為人，我們的大腦都是這樣運作記憶的：

①建立短期記憶

②將短期記憶植入長期記憶中

無論是愛因斯坦這樣不世出的天才，或是才剛開始學習讀書的小學生，還是讀者諸君，大家都是經由這兩個步驟執行記憶。

「一心想要記住」的動機只有兩種

琳瑯滿目的記憶作業中，哪些是你「真心」想要記住不忘的呢？說來說去，也只有以下兩種動機，促使我們努力記憶不願忘記。

①為了通過某一項考試，而非記住不可的知識。

②可以作為受用一輩子的知識，因此想要牢記不忘。

生活中可能少不了某些需要短暫牢記的狀況，例如，出門買東西必須記住購買清單。

不過這畢竟只是可有可無的生活小插曲，我們打從心底想要記住不忘的，除了上述的①、②之外就別無其他了。

準備大學考試、資格檢定、學校的段考等等都屬於狀況①。就①的情況而言，只要考試當天能夠通過合格的最低門檻就算過關了。而針灸師和按摩師必須熟悉身體的穴位、身為醫生要牢記內臟名稱與疾病的治療方法等等，都是為了滿足自己專業領域的需要，屬於狀況②。

想要把受用一生的知識牢記不忘，必勝之道莫過「增加複習次數」。一個月一次或三個月一次也好，複習次數越多，大腦越會把它當做重要的事情看待。以「再三複習可以壯大記憶之繩」的原理，不斷鞏固長期記憶。

臨時抱佛腳的成果驚人

從細節來說，大學考試或資格考試需要的記憶，屬於「只要考試當天能通過合格的最低門檻，第二天忘光光也無所謂」的記憶，以下要探討如何有效儲存這樣的記憶。

現在有兩種狀況：

①直到大考前一個月為止，都是考試拿滿分的常勝軍，一到大考當天卻忘得乾乾淨淨，結果名落孫山。

②直到大考前一個月為止，都是只拿三十分的考場敗將，卻在考試當天變成一日天才，一試中第。

你是這兩種中的哪一種呢？

為了考試過關，當一日天才也無妨

說得極端一點，對於考試這件事，只要抱著「如何在大考當天做個一日天才」的心態，無所不用其極的達成這個目標就對了。

①高中一、二年級成績頂呱呱，升上三年級卻只顧玩樂，結果大學落榜。

②高中一、二年級一事無成，升上三年級卻發憤用功，結果一舉考上第一志願。

實力控制記憶法是準備大考的唯一作戰策略

以上兩種人，你願意當哪一種呢？大家一致的選擇應該會是②吧！

因此，應付大考的記憶必須以「實力控制記憶法」為唯一策略，從「如何發揮最佳效果」倒回去推算用功的時程表。

在學校的表現也是如此。

①在課堂上認真學習，期中、期末考卻考不出好成績。

②在課堂上老是打瞌睡，卻能在期中、期末考拿到好成績。

班上是不是有這兩種人呢？

如果要說①有什麼不好，那就是他沒有發揮實力控制記憶法的威力，未能讓努力換得應有的回報。我們十分推崇認真學習的價值，可是既然要做，當然就要做有效率的努力，讓辛苦付出換取到實質的成果，不是嗎？

擺脫臨場表現失常的惡名

「我總是孜孜不倦努力用功，為什麼考試當天竟慘遭滑鐵盧？」「為什麼我一到正式上場就會表現失常？」你也是這樣的人嗎？

事實上，我過去曾被封為「日本第一臨場失常男」。考高中之前，一直到國三的夏天為止，我的學科學力偏差值都在七十左右，擁有全學年第二名的好成績。可是就在那一年的秋天，我上體育課撞斷鎖骨，讀書無法專注，結果成績一落千丈。

三月的模擬考試，我的成績從學力偏差值七十跌落到五十五，高中入學考試的結果沒能上第一志願，連第二志願都名落孫山，最後只有一間學校收留了我。

「臨場大展身手」與「臨場表現失常」的人，差別在哪裡？

同樣的情形在大學入學考試的時候舊事重演。高三的夏天，我參加Z會的慶應模擬考試，奪得全國第一名的殊榮，卻在正式入學考試中落榜了。

猶記高三的三月以後，有一位大學已經重考兩年的學長對我說：「看你都已經十拿九穩了，好羨慕啊，你也教教我怎麼讀嘛！」結果我只顧著教學長讀書，自己卻荒廢了課業，大考當天面對考卷一籌莫展。

決定重考以後，我參加六月分的代代木 seminar 全國模擬考試，拿下英語滿分（二〇〇分滿分），國文一九八分（二〇〇分滿分）的成績，成為六萬名考生中的第一名。

考試結束以後，補習班老師在爆滿的四百人大教室中，對大家這樣開門見山說道：「我說你們，用不著把這次模擬考試的成績放在心上。

這次考試的時間，就在各位才剛剛決定重考的七月舉行，而且只針對重考生。它的意義，充其量也只是找出今年的落榜生當中，誰最接近上榜的程度卻還是名落孫山；而這就表示，此人是這個考場上的頭號倒楣鬼。

所以說，在這次考試中拿第一的傢伙，就是今年度的考生裡敗得最慘的人。各位啊，你們可千萬別拿下這次模擬考試的榜首呀！」老師的話音未落，台下四百名學生爆出一陣轟雷似的狂笑聲。

這位老師可能想都沒有想到，在這場考試中拿第一的傢伙，就端坐在教室的最前排。這一瞬間，我顧不得正在課堂上，快要噴出的淚水不斷在眼眶裡打轉。我從此再也沒去上過這位老師的課。

二十歲青年石井貴士，因為在全國模擬考試中考了第一名，心靈蒙受莫大的傷害。然而，也因為這樣，讓我決定做出自我改變。

當時我心念一轉：「不妙！重考這一年，我如果還是按照過去的方式讀書，搞不好又會重蹈覆轍，考上全國模擬考的榜首，卻在正式大考中槓龜。對了！我應該去請教成績平平，卻能在正式大考中異軍突起的黑馬，究竟是怎麼唸書的？」

我想起自己認識一位大家公認的超級黑馬，臨場表現總是特別亮眼，於是前去向他請益。

模擬考結果不必在意，正式考試才是真輸贏

這位超級黑馬在學校的學業表現普通，學力偏差值大概六十左右，全國模擬考試的榜單中未見其名，卻同時考取慶應大學經濟學部、法學部、商學部、文學部、環境情報學部、綜合政策學部，以及早稻田大學的政治經濟學部、法學部、商學部。大學考取率可以說是百發百中。

當時的我在慶應大學模擬考試中高居全國榜首，模擬考試成績總是名列前茅，大學上榜的機率被認定有八〇%以上。卻在正式大考當天，考出了慶應大學法學部、經濟學部、商學部，以及早稻田大學的政治經濟學部、法學部、商學部全都落榜的成績。

我低頭懇請這位命運和我完全相反的考場大黑馬為我指點迷津，傳授我臨場必勝法。他當時這樣對我說：

「模擬考試成績再怎麼說也就是模擬而已，凡是與正式考試無關的，一概都用不著理會。唯有正式考試當天才是一切。你有做「複習筆記」嗎？準備大考說穿了沒有別的，就是直到考前的一個月為止，都要不厭其煩地寫下『複習筆記』，你只要複習裡面的內容，大考就可以過關。」

他的話說得我一臉錯愕。我從來也沒有做過什麼「複習筆記」之類的東西。一直以來，我只懂得解答眼前的問題、讀參考書、漫無章法地啃書本。

想要在正式的考場上大展身手，以下兩步驟缺一不可。

①直到考前一個月為止，持續不斷寫下「複習筆記」，只要複習裡面的內容，大考就可以過關。

②進入考前最後一個月，把複習筆記背得滾瓜爛熟就萬無一失了。

這就是考場黑馬勝出的祕訣。（關於如何寫「複習筆記」，本書第一八五頁將有詳細說明）

考場得意兩步驟

1 直到大考前一個月為止

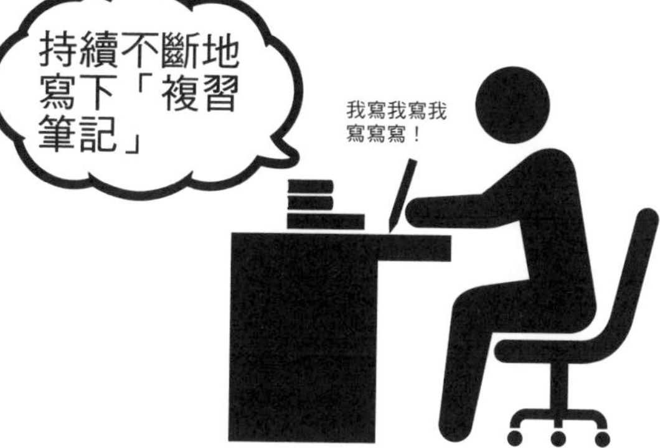

持續不斷地寫下「複習筆記」
我寫我寫我寫寫寫！

2 進入考前最後一個月……

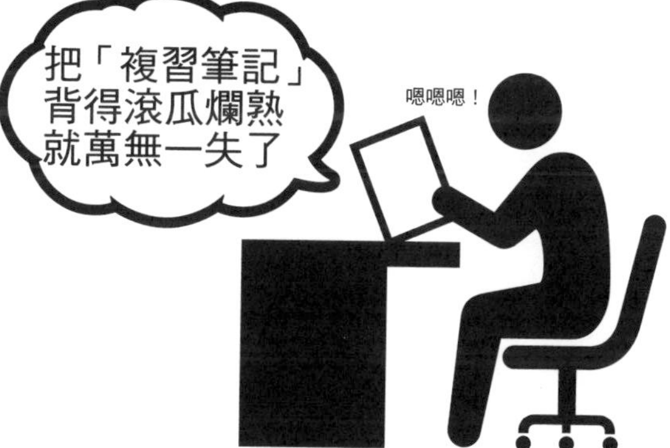

由目標回推致勝之道的優勢

這位考場黑馬和我的對話還沒有結束：「我再問你，考前最後一個月，你在做什麼？」「欸，我在教大學重考兩年的學長怎麼讀書……」「喂，你是笨蛋嗎？都什麼時候了……考前一個月是最關鍵的非常時期，你怎麼會糊塗到這個地步呢？

想要在正式考場上發揮實力控制記憶法的效用，就要以成功上榜為目標，

倒回去推算該如何用功，並且以此擬定作戰時程表，勝敗就完全看這一局了。

只要大考當天的學力偏差值有七十五就好，管它第二天變成三十又如何。這就是大學入學考試的本質。你已經落榜了，捲土重來這一年必定要把握實力控制記憶法的最高作戰指導原則。」

他說得太好了，讓我決定這次必定要貫徹實力控制記憶法的極致。高三的時候，我雖然名列全國模擬考試的榜首，可是重考這一年，全國模擬考試的英雄榜上完全找不到我的名字。

實力控制記憶法的唯一弱點

「原來實力控制記憶法可以讓我所向披靡，威力無窮。」你是否也被說動了呢？

不過實力控制記憶法也不全然都沒有弱點。它的弱點就是「無法獲得周遭人的理解」。

所以我從一開始就先說服雙親，希望取得他們的諒解。我說：「重考這一年，我決定要貫徹實力控制記憶法的作戰策略，因此模擬考試成績將無法符合期待，希望你們不要為我擔心。」

儘管如此，我的爸媽還是擔心得不得了。他們真的以為：

「高中三年級的時候還是全國模擬考的榜首，當了重考生卻忽然瘋了……我們家兒子不行了，這該怎麼辦才好？」

外界會有質疑的聲音，也是無可厚非。我高中在校的學力偏差值一直保持七十以上，而且擁有傲人的模擬考成績，欣賞我的考試成績是雙親的嗜好。

但是現在學力偏差值忽然掉到五十五左右，讓他們急得像熱鍋上的螞蟻……媽媽因為過度焦慮，甚至為此住院好幾個月。當我收到大學的錄取通知時，她還躺在醫院的病床上。

你周遭是不是也有這樣的同學，在校成績不怎麼樣，模擬考的表現也不甚出色，卻輕而易舉的考上理想的大學？這些人就是懂得善用別人無法理解的「實力控制記憶法」。

能夠執行「實力控制記憶法」的人，在學校老師眼中、父母眼中、朋友眼中，都不是「天資聰穎」的人。他們平時毫不起眼，但是在正式上場的緊要關頭大放異彩。你此刻正站在人生的分水嶺。

①大家都看好你資質優異，結果考試落榜，跌破眾人眼鏡。

②大家認為你資質駑鈍，卻在正式大考中大爆冷門，一試中第。

你要選哪一種呢？

高中時代的我是①。但是重考那一年，我脫胎換骨變成②。

所謂實踐「實力控制記憶法」，就是改變生活方式。

準備高中入學考的實力控制記憶法

以準備高中入學考試為例，該如何執行實力控制記憶法呢？

首先，國中一年級全力攻讀英語、數學兩科。為什麼是英語科呢？因為想要學好語言，就必須反覆一聽再聽直到滾瓜爛熟。要讀到滾瓜爛熟，任何人都需要時間。所以讀英語必須從國中一年級開始，用足夠的時間加以熟練。

那數學科又是為什麼呢？想要學好數學，需要足夠的邏輯能力。邏輯能力強，學數學就不容易忘，所以國一學會的數學，直到國三結束後參加高中入學考試也不會忘。

國一就把英語和數學變成自己的拿手科目，之後將會變得無往不利。

進入國二以後，國文科成為主攻科目。國文科裡面，又以現代白話文為首要的努力重點。因為現代白話文是那種一旦掌握訣竅就可以拿滿分的營養學科。國二還有一大攻讀任務，就是數學的學習進度要超前，完成國三的所有數學課程。只要做到這一點，上起國三的課就像是在總複習一樣游刃有餘。

一升上國三的首要功課，就是研讀志願學校的歷屆考古題，以便把握自己的學力程度。

進入國三以後，就要開始猛攻理科和社會科這些需要大量背記的科目。

準備高中入學考試的實力控制記憶法

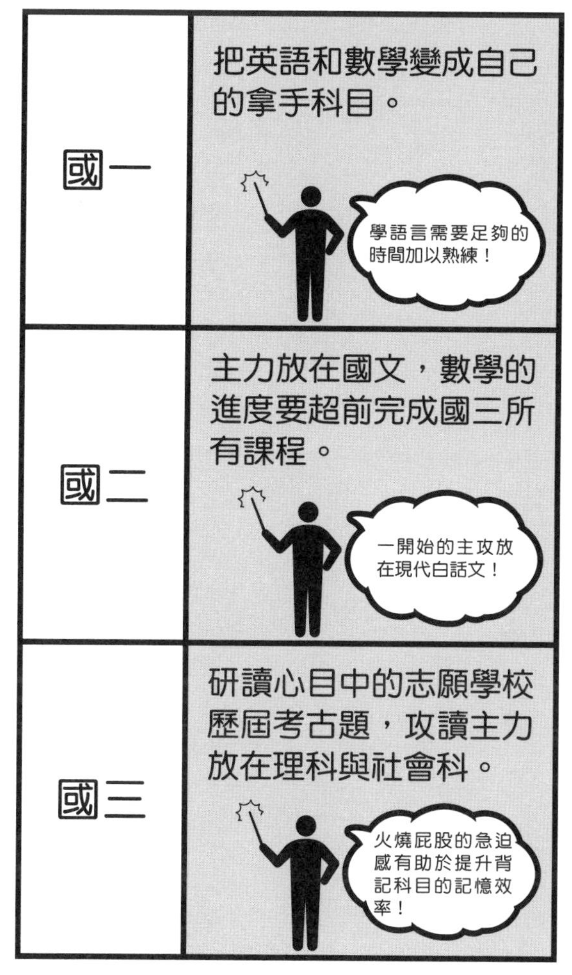

國一
把英語和數學變成自己的拿手科目。
學語言需要足夠的時間加以熟練！
國二
主力放在國文，數學的進度要超前完成國三所有課程。
一開始的主攻放在現代白話文！
國三
研讀心目中的志願學校歷屆考古題，攻讀主力放在理科與社會科。
火燒屁股的急迫感有助於提升背記科目的記憶效率！

「已經沒時間了！」升上國三以後火燒屁股的那種急迫感，會提升我們衝刺的效率。

像這樣，先從需要良好邏輯能力的科目著手，把需要背記的科目留到最後衝刺，這就是執行實力控制記憶法的必勝要領。

準備大學入學考、重考班的實力控制記憶法

高一的主攻重點在「國文、作文」。這是因為，一旦學會國文的解題要領就不容易忘記。作文也是如此，掌握寫作文的訣竅以後，直到高三前都不必多操心。

升上高二以後，就要開始攻讀英語。

按照以下順序學習英語，可以有效提高背記的效率。

①英語單字

②英語片語

③英語文法

高一主攻國文、高二主攻英語和數學、高三主攻理科和社會科

要在高二的時候就把所有高三的數學課程提前學習完畢，這一點很重要。數學注重邏輯能力，在高二就已經決勝負。進入高三以後必須全力衝刺「理科和社會科」這些需要背記的科目。

高一的時候，國文科程度必須提升到大學入學考學力偏差值七十的水準。

高二的時候，英語科和數學科的程度，必須提升到大學入學考學力偏差

準備大學入學考試的實力控制記憶法

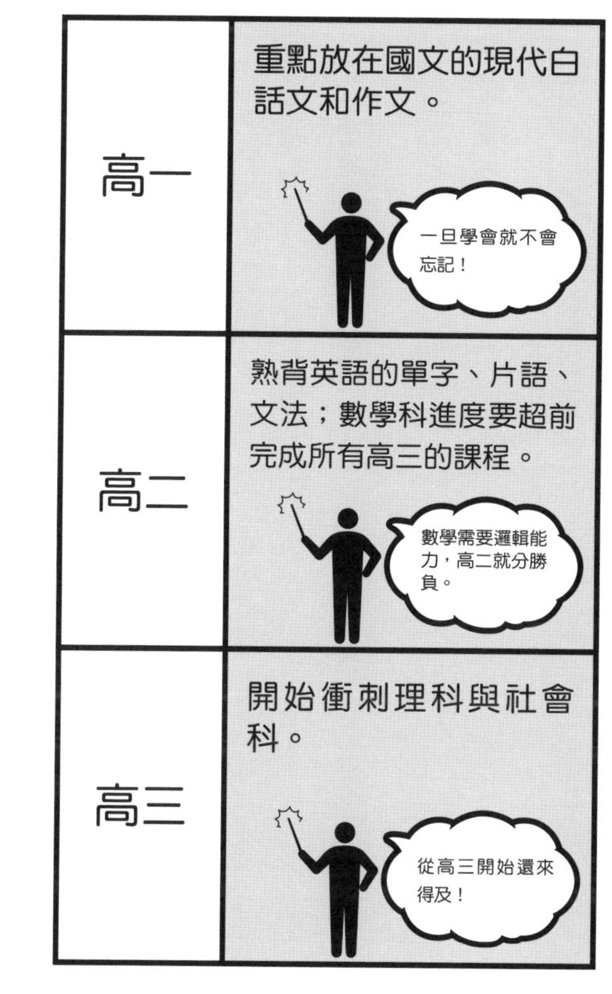

值七十的水準。

高三的時候，開始衝刺理科和社會科。

這麼做，就可以在大學入學考試中發揮實力控制記憶法的效用。

重考生進入四月以後重心就要放在「總複習」

如果是重考生，八至十月專攻國文、英語、數學，冬季十一至十二月如果時間允許，請強化自己最弱的科目。一月起開始背記理科和社會科。

準備重考期間，一定要記得勤寫「複習筆記」，以便在大考前的最後一個月做總複習。四月以後，熟讀「複習筆記」是最主要的作業。比照以上的進度按表操課，你一定可以在正式大考當天得心應手。

想要「在大考當天發揮實力控制記憶法的最大效力」，如願及第，就必定要妥善安排用功時程表，預先計畫每一階段主攻哪些學科的哪些主題。

重考生如何執行實力控制記憶法

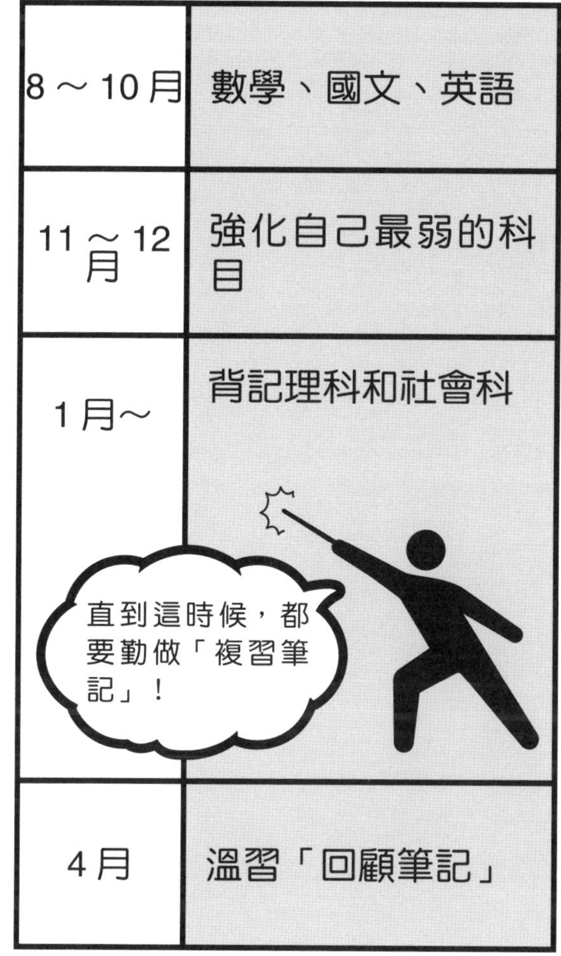

8～10月	數學、國文、英語
11～12月	強化自己最弱的科目
1月～	背記理科和社會科
4月	溫習「回顧筆記」

如何在考前一個月執行實力控制記憶法

想要在正式大考當天一舉中第的最短捷徑，有以下兩步驟。

①直到考前一個月，不斷勤寫複習筆記；只要熟讀筆記內容，大考就可以及格過關。

②大考前最後一個月，反覆溫習複習筆記就萬無一失了！

換句話說，考前一個月的最後衝刺，以反覆溫習複習筆記為主。說到這裡，你也許已經想到了。

四色資料夾就是你的「複習筆記」。你平日已經在為考前最後衝刺的複習筆記做好複習優先順位的分類。

反覆將「紅色資料夾降格成綠色，綠色資料夾升格成紅色」

藍、黃、綠、紅色四資料夾當中，唯有紅色資料夾是考前最後一個月的最佳「複習筆記」。考前最後一個月，你必須執行以下兩步驟。

①複習紅色資料夾，未能夠一眼即知的內容，就降格到綠色資料夾。

②複習綠色資料夾，能夠一眼即知的內容，就升格到紅色資料夾。

重複以上兩步驟，直到綠色資料夾都清空了，就表示你的實力控制記憶法成功了。如果還有餘力，能夠將黃色資料夾升格為綠色、再到紅色，那更是求之不得。只是，根據筆者個人的經驗，光是要把綠色資料夾變成紅色，就已經自顧不暇，很難有餘力再去複習其他。

至於藍色資料夾，在考前最後一個月忍痛放棄才是上策。實力控制記憶法可以讓你在考前最後一個月的衝刺期不至於陷在書堆裡手足無措，不知如何是好。從這一點來看，它也是最強的記憶法。

考前最後一個月的每日讀書時間表，和平常幾乎沒兩樣！

各位還記得「三明治記憶法」嗎？大考前最後一個月的衝刺，應該這樣調配每天的讀書時間：中午以前用來解考古題、數學題等需要耗費腦力的作業。中午以後盡可能以熟讀複習筆記為主。

考前最後一個月必須執行的兩步驟

1 複習紅色資料夾，未能夠一眼即知的內容，就降格到綠色資料夾。

2 複習綠色資料夾，能夠一眼即知的內容，就升格到紅色資料夾。

當綠色資料夾都清空了，就表示你的實力控制記憶法成功了！！

用一秒一個英語單字、一秒一則英語片語、一秒一則英語文法和一秒一題數學的速度複習「複習筆記」。如果還有時間，想要複習其他內容，也在下午進行。入夜以後，是專屬於「複習筆記」的時間。清晨仍然密集複習「回顧筆記」。

這是考前最後衝刺的正確時間調配法。

從大考日反推用功時程表

你是不是已經感覺到：只要貫徹以上的實力控制記憶法，自己將可以在正式大考當天戰無不勝、攻無不克呢？

重要的是，要從大考日那天反推用功的時程表。

考前一個月該做什麼？考前三個月該如何規劃？

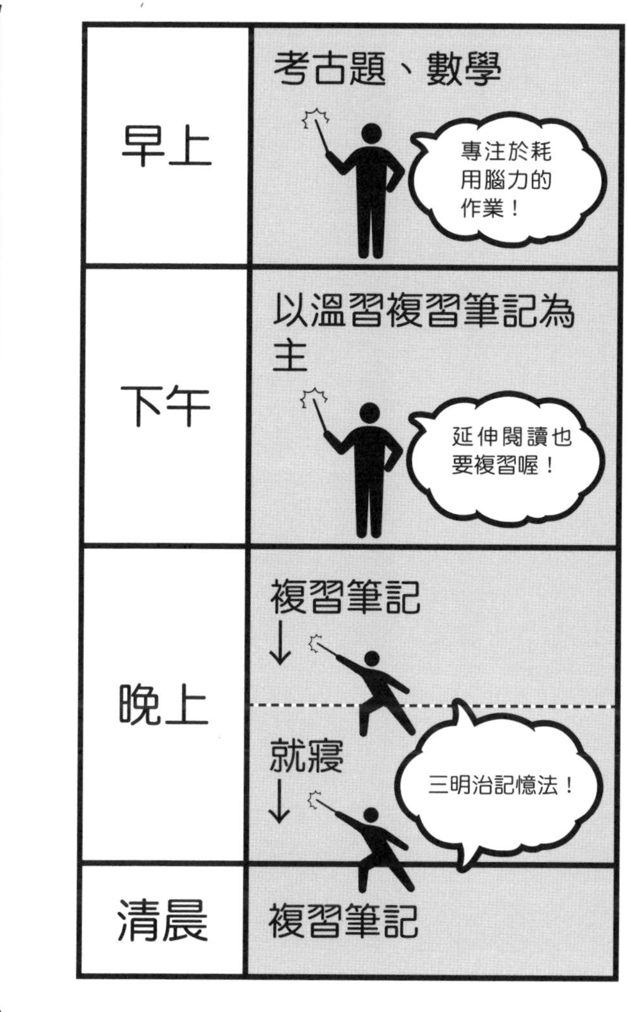
考前最後一個月的讀書時間表
早上
考古題、數學
專注於耗用腦力的作業！
下午
以溫習複習筆記為主
延伸閱讀也要複習喔！
晚上
複習筆記
↓
就寢
↓
三明治記憶法！
清晨
複習筆記

規劃時程表不能以現在的自己為準，而是要以「正式大考當天順利過關」的終極目標倒回來推算今日、此刻的自己該怎麼做。把握這樣的原則，你就能夠如願考取自己的目標學校。

就算考前三個月的成績表現乏善可陳，只要大考當天成為一日天才就夠了。說穿了，學習一分鐘記憶法的目的，最終就是為了執行實力控制記憶法。至於執行實力控制記憶法這件事，請各位將它視同為「改變自己的生活方式」來執行。

也就是從原本每天只會兢兢業業、毫無謀略的埋頭苦幹，轉變成「為達到實力目標而規劃每天努力的進程」。

此時此刻，正是你的人生一百八十度大翻轉的契機。善用「一分鐘記憶法」，你就是「記憶天才」！

結語

熟練以下四種方法，就等於學會一分鐘記憶法。

①隨時意識到記憶有不同種類！時間軸記憶法。

②刺激右腦！四色記憶法

③將短期記憶植入長期記憶！三明治記憶法

④成為大考當天的一日天才！實力控制記憶法

首先，請先瞭解記憶有四種類型。

①短期記憶

②長期記憶

③單純記憶
④影像記憶

而為了提升學習效率，使用紅、綠、黃、藍四種顏色加以區別，刺激右腦發揮記憶功能。又為了進一步將短期記憶植入長期記憶中，學習三明治記憶法，發揮一日的最佳記憶效率。

最後，善用實力控制記憶法，確保大考金榜題名。於是，你就順理成章地成為記憶天才。

就是這個順序：

①瞭解大腦的記憶運作機制。
②瞭解如何使用右腦提升記憶效率。
③瞭解如何發揮一日的最佳記憶效率。

④瞭解大考當天如何順利過關的記憶法。

最後，就只差身體力行而已了。「讀完《一分鐘記憶法》，覺得這真是一本好書呢！」如果僅止於這樣的感動，人生不會有任何改變。

「從今天起，我就要訓練自己一秒記一個單字！」「我現在立刻去買紅、綠、黃、藍四色資料夾！」這樣的人才能夠扭轉人生。

來吧！想要扭轉自己的人生，此刻正是你踏出第一步的時候！我會永遠以無比的熱情替諸位加油打氣！

石井貴士

這裡可以免費下載「四色魔法記憶紙」

http：//www.1study.jp

UPC0164

1分鐘超強記憶法——超過130萬人見證，大小考試、證照檢定、職場進修通通搞定！

本当に頭がよくなる1分間記憶法

作　者—石井貴士
譯　者—胡慧文
主　編—陳慶祐
編　輯—王俞惠
美術設計—比比司設計工作室
執行企劃—汪婷婷

董 事 長—趙政岷
出 版 者—時報文化出版企業股份有限公司
108019台北市和平西路三段二四〇號三樓
發行專線—（〇二）二三〇六六八四二
讀者服務專線—〇八〇〇二三一七〇五・（〇二）二三〇四七一〇三
讀者服務傳真—（〇二）二三〇四六八五八
郵撥—一九三四四七二四時報文化出版公司
信箱—10899臺北華江橋郵局第九十九信箱

時報悅讀網—http://www.readingtimes.com.tw
電子郵件—history@readingtimes.com.tw
時報出版臉書—http://www.facebook.com/readingtimes.fans
流行生活線臉書—http://www.facebook.com/ctgraphics
法律顧問—理律法律事務所　陳長文律師、李念祖律師
印　刷—勁達印刷有限公司
初版一刷—二〇一五年三月二十日
初版三十八刷—二〇二四年六月十九日
定　價—新台幣二六〇元

時報文化出版公司成立於一九七五年，
並於一九九九年股票上櫃公開發行，於二〇〇八年脫離中時集團非屬旺中，
以「尊重智慧與創意的文化事業」為信念。

1分鐘超強記憶法：超過130萬人見證，大小考試、證照檢定、職場進修通通搞定！/ 石井貴士著；胡慧文譯. -- 初版. -- 臺北市：時報文化，2015.03
200面；14.8*21公分. --（UP叢書；164）
ISBN 978-957-13-6179-6（平裝）

1. 記憶 2. 學習方法

176.33　　104000140

HONTOU NI ATAMA GA YOKU NARU 1-PUNKAN KIOKUHOU
BY TAKASHI ISHII

ISBN 978-957-13-6179-6
Printed in Taiwan